文史哲研究丛刊

周易的思想体例

季　蒙　著

上海古籍出版社

图书在版编目(CIP)数据

周易的思想体例 / 季蒙著. —上海：上海古籍出
版社，2018.6
(文史哲研究丛刊)
ISBN 978-7-5325-8851-0

Ⅰ.①周… Ⅱ.①季… Ⅲ.①《周易》-研究 Ⅳ.
①B221.5

中国版本图书馆 CIP 数据核字(2018)第 110961 号

周易的思想体例

季 蒙 著

上海古籍出版社出版、发行

(上海瑞金二路 272 号 邮政编码 200020)

(1) 网址：www.guji.com.cn
(2) E-mail：guji1@guji.com.cn
(3) 易文网网址：www.ewen.co

上海惠敦印务科技有限公司印刷

开本 890×1240 1/32 印张 7.125 插页 3 字数 160,000
2018 年 6 月第 1 版 2018 年 6 月第 1 次印刷
印数：1—2,500
ISBN 978-7-5325-8851-0
B·1058 定价：39.00 元

如有质量问题，请与承印公司联系

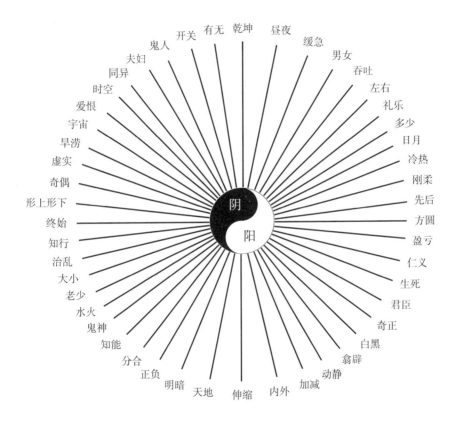

阴阳一图

前　言

　　《周易》的研究有久远的历史。以中国的情况论之,大致可以分为古代部分与现代部分。古代部分又是传统的研究部分,这里面包括对《周易》经典的解释与发挥,既有义理的,又有象数的。从解释的文本来说,历史上有三种最为基本和重要,即孔颖达的《周易正义》,李鼎祚的《周易集解》和朱熹的《周易本义》。这是因为,孔颖达的《周易》注疏是在集中了前代《周易》研究成果的基础上,抉择而定的,从而使历史中《周易》典籍的解释有了一个统一稳定的定本,这是基础工作。具体情况在《周易正义》序中讲得很清楚。但是孔颖达注《易》偏重于义理一路,以王弼注为底本。这样,在象数方面就不着重。而李鼎祚的《周易集解》,以保存汉易著名,正好在象数方面对《周易正义》形成补充,所以留存至今,成为一部相当基本的文献。于是义理、象数两方面乃得以完全。但是王弼死的时候年纪很轻,在学问的厚积上难免有一些问题,虽然孔疏选择王注为所本有一定的考虑,但其中的不足历来学者也多有议论。当然,宋儒对孔疏《周易》的非议含有排释老的因素。孔氏《周易正义》与李氏《周易集解》基本代表了唐以前的《周易》解释情况和水平,而宋以后理学时代最基本的文本解释则是朱熹的《周易本义》。

虽然注解十分简易,但是代表了理学的基本态度与观点,而且是在吸收前人易学成果的基础上总结出来的,比如《伊川易传》等。明清以后,易学研究有强烈的朴学实证色彩,开始了另一个时代。

关于易学的发挥和旁支更为繁复,在先秦时代就已经开始了。比如《周易乾凿度》一书,郑玄注,有乾隆丙子(1756)雅雨堂版。前有德州卢见曾序,说到对待纬书的不同态度,认为先秦纬自有其价值,《乾凿度》就是一例。但这还是就易义发挥的。像汉扬雄的《太玄》,更是直接仿照《周易》的形式自作的一部书。但是从数上来说,《周易》是八八六十四数,而《太玄》是九九八十一数,只是《太玄》远没有《周易》那样自圆,无论是算法上还是文本方面,都有很多不对应的地方。宋司马光为《太玄》详细作注,而他自己也作有《潜虚》一书。这其中有一个共同的特征就是着重范数、名范。《潜虚》是五十五数。在配数方面,历代的著作还不少,像蔡沈的《洪范皇极》就是一例,他是参照《尚书》洪范九畴按九九八十一数配的;北宋邵雍的《皇极经世书》也是在象数方面很着力的著作。象数的历史十分久远,它是中国思维中一种具有普适性的方式。一直到现代,始终贯穿在人文的各个分支中。有一点须注意的,就是象数的配法,了解了这一体例,各种学说就不复杂。比如汉京房的易学,就是把天文、人事、日用等各个方面配在一起,其旨就是为了用统一体例给宇宙人事一个大一统的说法和解释。因此,数与象的关系,就是一个辐射分殊的关系。数是中间的一,而象是一切方面的。如气味、声音、律吕、性情等各个分支。这样,只要我们做出一份详细的象数表,就如历史年表那样,人文中一切生活及知识部门的统一就清楚了。所以,象数与义理并不是相对的两个,而是《易》的自然生发的阴阳面,最关键的是对中土的思维首先要做到达意。

现代学术研究中的一个大问题就是对历史中的事物，在感性认识及达意方面已经出现了问题。所以才经常出现测量不准的误差，这一点是要特别注意的。

古代关于《易》的研究、解释与发挥过繁，因为易与中土一切人文分支胶合在一起，所以这里根本无法列举，在《四库全书》及《续修四库全书》等丛书中，保存有大量易学文本，可以参看。需要说明的是，二十世纪以后，中国的易学研究与传统相比，发生了很大变化，虽然这些研究并不一定很准确的当。如新文化运动时期，古史辩派讨论《周易》的一些论文，当时是以打破古史中的陈说为务，他们攻击和否定伏羲画卦、文王重卦、周公作爻辞、孔子作十翼等说法，但是这与时世背景有关系，所以说，古史辩派在文化历史上的意义较学术上的意义为大。二十世纪的考古发现总是获得与疑古派意见相反的证明，比如最新从王家台出土的秦简《归藏易》，就说明《易》的情况相当原始久远，更有早于《周易》系统的。可参见《周易研究》二〇〇一年二期有关论文。关于二十世纪借用易学发挥构成自己学说思想的，最著名的是熊十力。他在《新唯识论》《体用论》《乾坤衍》等书中讲的翕辟成变，借《易》申说宇宙构建模式等义，曾产生很大影响。建国以后的易学研究曾受到唯物论的影响，另外考古发现也起过重要的作用。关于《周易》的文化史与哲学史的研究也不少。这里面较著名的有高亨《周易古经今注》《周易大传今注》等著作，还有李镜池《周易探源》《周易通义》等作品。朱伯崑在《周易》哲学史研究方面是较有代表性的。而马王堆出土的帛书《周易》，则有邓球柏的《帛书周易校释》，讨论解释较详，是很好的参考。《文物》杂志中也有很多相关资料。

现代《周易》的研究不仅限于大陆，海外于此也很有发展。而

且范围、方面很广,较注重学科的比较与交叉。比如《周易研究》二
〇〇二年一期讨论遗传算法与《易》算法问题的论文。概要言之,
易学与哲学、文化学、人类学、诠释学、历史社会学、美学、文学、史
学、考古学、古文字学、计算数学、生物医学、天文学等各个学科,在
现代学界都发生了广泛的交接。比如有讨论《易》与推类逻辑、
《易》与心理分析的研究方向。现在瑞士南部阿斯科纳有一个爱诺
斯基金会,《周易研究》二〇〇一年三期有专文介绍,是一个与《易》
有关的组织。海外与《易》有关系的组织还有若干,如美国成中英
国际《易经》学会,以及史密斯办的《周易网络》杂志、比利时《世界
太极科学》、法国"周易中心"等。研究专著也有一些,如美国卡罗
尔·安森《易经的哲学》、德国卫德明《易经八讲》《易经中的天地
人》等著述。但是海外研究《周易》的,仍然是以日韩为多。韩国与
日本的研究,较多地以中国为参考坐标。比如韩国讨论熊十力易
学,以及新儒学、《易》与中哲史的论文就不少。当今世界上国际易
学研究的情况,基本上可以从大陆办的《周易研究》反映出来,发表
论文极多,另外还不断介绍新出版的《周易》研究专著,可以参考,
这里不能赘引。另外刘大钧有近百年易学研究回顾的专文,见二
〇〇一年一期,也可以参考。据称现在已有与《易》相关的互联网
站三百多个。

　　关于易学西传的历史也有几百年,比较著名的例子是莱布尼
茨,据说他从《易》卦爻阴阳性得到启发,用二进制造了一架计算
机,他想把自己的发明献给康熙皇帝而未果。黑格尔在《哲学史讲
演录》中也讲到了《周易》。早期西方学者了解中国学说思想可能
用的是传教士的译本。据统计《周易》的译本目前有二十多种。
《利玛窦中国札记》中曾记述过当时来华传教士勤奋研读中国典籍

的情况。但是，中国经典的基本特性是它永远不能离开解释，而且历史中的解释是逐代堆叠的。因此，真正要译介中国的经籍，就只能把像十三经注疏这样的典籍完全翻译才行。否则，对中国学术中枢的触碰，不是猎奇的，便是猜测的。另外有一点可以注意的是，在鸦片战争以前，域外学者对中国学问还能够持比较认真的讨论态度，比如最近出版的《洪堡特语言哲学文集》，作者比较认真地讨论到汉语言的问题。且不仅仅是在语言领域，在一切文化学术部门与分科中，比如经济、文学等，都有过比较慎重的对待。但是随着近代中国在世界上声誉的不断下跌，认真的情况也就渐次损失了。这些历史中的学术情况，我们也须有一个估量。

　　《周易》在历史中的研究情况既然是这样，那么再做《周易》研究意义何在，又有哪些工作还可以做呢？事实上，这就触及到了最实质的问题，那就是，历史中的学问，在人文史中本身是有一个升降的，即历史学问（如《周易》）并不机械地、直线地随时间推移而进展，有时候反而发生偏离。比如易学，自近代以来，情况就比较乱，使人无所适从。而且有很多江湖性的东西。因此，《周易》的本体必须还原。因为易学是最原始也最朴素的，它的连绵性非常强，只有把《周易》最基本的东西认清楚，我们才有可能确立一个坐标，这就是易学的体例。事实是，《周易》本身是很难穷尽的，它可以无限衍展，这就像辐射，我们先要把辐射源考定清楚，这是基础的工作。有了这一个起步，即正始，那么下面无论推展多远，我们都有了一个始点和依托，这就是《周易》的基本思想的作用。必须说明，二十世纪的学术中有些因素是破坏性的，比如古史辩派，很多结果与考古相左。之所以不能有建设性，还是因为对人文本身的性质不能了解，所以也就不能自信，相对于历史中的成绩反而回去了不少。

另外须说明的是,国外的东方学、汉学研究虽然可以参考,但毕竟
不能取代中学的传统方法与积累。因为汉学家在感性与达意上有
时候会有问题,这些都是可以估量的。关键还是学问本身的径直
考察,我们要用自己的思考去测量。所以这一次研究《周易》,就是
打算把易学中一些最基本的东西重新确认清楚,并讨论它的可能
走向。

　　《周易》研究属人文科学,人文科学虽然是软科学,但是牵涉面
极广,是不可缺少的基础。案原始《易》问卜吉凶,考其起源,还是
出于人的不安全感,从这里来看,《易》本来就是出于实用的,而且
《易》作为忧患之书,其原始性质保留下来,不断发展,其影响一直
延续到现代。关于《易》的很多原始情况,很早就已不可考了。比
如孔颖达注解《周易》时,解释卦的意思要引用纬书的说法,就能说
明问题。但是古代问卜吉凶,并不止限于占卦一途,还有诸如龟
卜、占梦等办法,这些在《周礼》中都有详细的载录,可以参看。从
这里来分析,古代人有收集事情结果与占卜所示相互对证的传统,
由此也就决定了一个广阔深厚的经验总结基础。因此现在我们看
到的《周易》卦爻下所系之辞,便是古代生活中的实事系录。那么
《周易》文本也只是一个参考文献,而最绝对的,还是卦符本身。比
如说需卦上六爻说"有不速之客三人来",就不能排除这种可能:
文王被囚羑里,纣王派几个人去监视他。从重卦来讲,应该是很原
始的,因为排列组合本来是初民的能事。现在对《周易》的研究,常
喜欢用文化人类学的手法来处置,其实并不妥当,还是应该本以传
统的经学方法。比如章太炎在《訄书》中便引用人类学材料论到上
古易数的情况,明显有不妥之处,可以参看。在易学长期的历史演
进中,一般而论,《易》在政治历史上的影响是最大的。从这里可以

充分看到它的人文实用性,而这种人文实用性的消息,并没有消失。明末王夫之说他是从观卦进入易学的,观之义,就是考察人文历史之兴衰更替的。通古今之变,就是一种观,这反映了《易》为忧患之书。举例来说,古者包牺氏之王天下,取诸卦以治,从离卦到夬卦凡十三,其内容包括了渔业、农业、商业、政教、水陆交通运输、守备、兵器、建筑、丧葬、书籍文字等等,城市的兴起,文化的创建,都包括在里面。其实诸卦所显示的,就是一部人文史。由此,不夸张地说,人文生活中的一切具体、抽象内容,都可以用易符标出来。比如理学,朱子认为人文史是不断剥落退化的,但是剥到尽处,会有一个来复。这就是阴阳升降来回之理,毕竟理还在。依此类推,卦符的用处是无穷的,该摄的。至少中国人文史都可以这样处理,极为简易。这就是体例,是思想上的一种观法和处理。像良知、本体、性、理、道、气、无、玄、太极等等,都可以用大畜卦标示(象义)。这样,就真正达到了卦一分殊(诸象义)。所以华文化是一个辐射的"一",最简单,也最繁复。这是其一。

　　由此,当我们把各个学科与知识部门理会为分殊的诸象义时,那么我们也就有一个现成的大一统体例语言。百科全书式的个体知识结构,也就是现成的。比如《道藏》里面的语言,是讲丹学、医学、武学、养生等等,但其语言与理学多相通,如道、气、理、性等关键字词,这就是体例语言。《老子》中的一句话,在武学中是太极拳,在理学中可能就是治心明性。比如"重为轻根、静为躁君"之类。我们可以在各种典藏文献中清理出一个专门的语库,而且有一个很明显也很能说明问题的现象就是:历史中的注如此发达,而注与所注之间,常常就是统一体例与学科分殊的关系。比如说一、二、三数,在形学中就是圆、方、勾股。在前面我们提到过统一象数表的问题,为什么中国数学史上总是以代数方法解决几何问题呢?这就是因为象数思维的指导作用。几何是象,代数是数,如割圆术在中国古代数学中发展得就很繁复,而华文化就是很尚圆的,因为圆最奇妙。像太极拳,全是圆的力学的运用。数学并不是统一的,因为数的理念因人文系统会有所不一样,比如华文化中的算术,乃是一种轻重数学的东西,它不是绝对数学(理论上求绝对)。像九宫格可以无限衍分,分的细化程度随需要而升降。现代微积分实际上是数学上的一种让步处理。中国古代勾三股四弦五之说不能单从具体结果去理会,因为易学传统极注意配数,故而也极在意"象"之间的奇妙数关系。尤其从一到十数,更被注意。勾股弦不过是具体的几项"象"而已,而三、四、五数,都是很关节的元数。由一到十到无限之数,每一个数都有其分位,是不能乱的。因此二进制、十进制、十六进制等说法,还是一种外铄性的解说。因为根据易数的体例,就是阴阳奇偶轻重升降,十数的一、三、五、七、九奇数,二、四、六、八、十偶数的派生是很自然到位的。一、二更不用说。像十六,三十二、六十四、三百八十四等,就是自然的两仪疏分。我们通常说圆三百六十度,这是人为制定出来的,因为靠自然衍分,只能是三百八十四分,正当易数。三百六十度的制定可能还是为了方便。从各种配合情况来看,如果就易数学不断派衍下去,会不会导引出另一种数学系统也不一定。当然,易学的实用性不局限于此。

从思想上说,易数对中国的学术思维做了根本的定位,很难改变。即以卦爻结构来说,就能表明,中国的观念与其说是知识的,不如说是认识的。因为每个卦都有自然之象和人事之象两重"义"。自然之象是原始取象,人事之象是"命义"之象。重点在人事,也就是人文一边。所谓万物之情者,盖指了解万物的情况与实情。所以中国古代思维,更偏重认识的功用,还不在知识一边,也就是说意义很重要。以经济来说,汉朝一石米可以五钱,这是民生宽裕的时候,碰上动乱之世,一石米高达万钱。经济轻重,与治乱轻重,说明决定价格的是意义,而不是价值。治世的一石米,与乱世的一石米,意义不同,有轻重升降。易学就常常称量这一类轻重升降,通过卦变爻变来"当"之。那么,对中国的思想与学说,也应尊重到:它的认识性质,通常先于它的知识性质。如此人文测量才测得准。像中国工艺技术的发展,就不是科学的,而是实学的。实学与科学是两套理念,即使现在,华人对技术还是实学的认取。比如科技这个词,就是从实学出发的。据说中国以外很少有此提法,这些都应该注意。

　　易学与各种文化学术部门的关系很繁,这里不能尽举。但是其中的实效性我们是完全看得清楚的。总体来说,易学在人文学科上的直接价值比在自然学科方面更现成,像中医与易学间的关联就是不言自明的。最主要的,是易学本身如果衍展下去,有可能长出新的学问。清代焦循是易学名家,在数学上也很有成绩。但是焦循对易的解释,完全用爻变坐实的方法,是否会有拘滞的一面,也须讨论。比如艮卦六二爻"六二,艮其腓",注谓:"腓,犹匪也,谓兑四之艮初成节。"①这样,每一个卦中的每一个具体的爻,都用其他卦的具体的爻之间的相互变动关系来坐实解释,虽然有严整的体例,但却限制了《易》变动无穷、无一定之宜的原义。这些

---

　　①　焦循:《易章句》卷二,《雕菰楼易学五种》上册,南京:凤凰出版社,2012年版,第76页。

是必须活看的。必须看到，名学与易学间的互动也不可忽视。比如《墨辩》取予之义，正能对解《易》卦爻取象予义的现象。虽然我们的重点放在先秦易学，但是《易》的边延本来不容易划定。是否就能机械切分出先秦以前之易和先秦以后之易，这些只能在研究展开以后再来不断调整了。

易学研究的难度主要在对《易》的始原很难确定。易学的很多基本内容历代学者只能凭推测等办法去处置，这种情况在孔颖达注疏《周易》时就如此。（如前已提及，孔颖达在解释卦的涵义时，引用《易纬乾凿度》的说法。）孔颖达引用纬书和老庄之学注《周易》的地方不止一处。现在的学者运用文化人类学的方法考论《易》的一些始原问题，虽然可以提供一些新的说法、观点，但最终仍然是不能定论的。比如说易数的问题，就非常麻烦。以李鼎祚《周易集解》为例，在注解"大衍之数五十，其用四十有九"一条时，引用了晚近崔觐的说法，而李氏《集解》却是以保存汉易著名的。可见李注本身有抉择标准在里面，一定有所比较，并不是一味准以古代学说的，首先还是从易理考虑。从这里我们可以窥见古人治学的态度。这样的例子随处都有，也就是说，《易》的原始，即使动用再先进的考古方法，也已经很难确证。但基本的情况，却大致不出《周易》文本本身所说的古人作《易》、仰观俯察等说法。因此，在易学的研究中就有一层分别，那就是，我们研究易学，重点是放在思想学说的考察上，是将它作为一个人文义理思维传统去对待。因为即使是《易》的各项原始制作情况都得到了实证，也仍然不能包括历代学者对易学的学说发挥，而后者显然才是真正的庞大的系统所在。这种情况在字学研究中也有，比如《说文解字》。最重要的，不是文字制作本身的原始事实情况，而是经学家对文字制作及内含之义的系统的说法。这就是思想学说本身、思想学说之本体。所以我们的易学研究不是考古实证工作，重心还是在义理的工作上。

关于研究方法及技术思路，简言之是为了探求知识体例，因为中国的传统历来是较重一统的。而在知识上这种统一又是历史事实，如前所说，用来统一的就是一贯的知识体例。像《古今图书集成》就十分明显地使我们看到，中国人文传统的各个知识部门是系统齐备的、自身配套的。这些学问部门牢固地统一在一起，贯穿于它们中间的就是体例。人文知识的体例是至关重要的，并不是每一种人文都有自属的体例及全备的系统。举例来说，如阴阳两仪，无论是在数学、医学、武学、经济、刑法、政治、历史种种领域中，都形成无处不在的辐射与分殊，那么阴阳就属于知识体例中的关键的一项。事实是，人类各个群体都发现了广泛的阴阳性。比如很多语言的词性就有阴阳性之分，像德语中的钥匙一词属阳性名词，而锁孔一词却属阴性名词。但是，把阴阳性全面发展为一种人文的却只有中国人文。易学及思维与一切学问知识部门领域相关，所以研究易学就是求得思维体例，就是为知识学问的一统做准备。比如易数学，它表明数学并不是统一的一般科学，数学也是一种具体的文化思维。关于这一点，此处不能细论。

这样，我们就需要贯通各个传统中国学问的门类。比如说名学、字学、史学、礼学等等，甚至包括自然物理在内。但归结起来，经学是统一的核心与灵魂。因为易学本身就是经学的，这就是"研究从性质、方法从类别"的原则。还要利用不同的方法，即以朴学论之，首先我们将它理解为义理对勘集合。通过这种方法的处理，使义理本身的情况得到最大程度的确定，而不是推断和猜测。举一个例子，《墨辩》中有"撄"这一条，义理上很重要。而《荀子·议兵》中就有："延则若莫邪之长刃,婴之者断;兑则若莫邪之利锋,当之者溃。"①两相对勘,撄的意思和内涵就完全确定了。但是孙诒让在注解中却用了更费事的办法,并未用荀子之书。可见前辈大家在朴学方法上也还留有余地,并没有完全饱和。另外孙诒让解释《墨辩》中卧梦等条时,没有结合《周礼》中六梦之法的内容,而孙诒让是《周礼》权威。可见,前人遗留给我们的,只是一些方法范例,并没有到毫无余地的地步。这就是说,历史中没有任何一种方法是可以作终结了断的。每一种方法都是在一定程度和限度内使用,其关键是"类性"要搞清楚,通过针对性的使用,便能发生宏伟的效果。

有一点是须说明的,在研究过程中我们必须自觉地尊重一个纯种原则,这不仅仅是别同异的要求,同时还有一个体与用的问题。因为没有种的纯正,就不可能有原发的成果。近世以来,东西学之间的比较、交接讨论,毕竟是历史中的一个短时的事体,它属于用的层面,而长时段的易学(包括其他一切学问部门)传统之本体却是自属的,并没有与西学相涉,这是体的方面。体用的区别,我们有必要分清楚。两者之间固然有相扣的连环关系,但是如果自己本身不能独立地搞清楚,而用别种思维和学说来诠解,那么最终的诸如东西学的讨论也就不可能了。简言之,人文比较属于使用的层面和方面,而人文本体是自属的。它的目的当然不是为了比较,而是自身的推展。

前面说过,易学思维是历史中的一般思维,很难具体限定在哪一时代,作机械的朝代切分。而且也很难限定为某部具体的著作,

---

①　《荀子·议兵》,《二十二子》,上海:上海古籍出版社,1986年版,第321页。

因此研究重心放在思想体例上进行论述是明智的。先秦易学是以后历代易学的基本框架与体例，而易学又是中国传统思维领域的一个框架体例。体例作为一以贯之的东西，就像一部辞典，无论它的条目有多少，只要把握了辞典的体例，就可以随时使用，而不会觉得知识是无限的、难以把捉的。易学的基本体例，都是围绕阴阳两仪展开的。所以易学的难点不在于它自己有多少，而在于它作为基本体例可展开的限度，这就是唯至简乃可以至繁的道理。易之三义，简易一层就包含在其中。像历史中焦循的易学著作，就是探求易学体例的著作典范。之所以历史中发挥易学的著作那么多，而都能各圆其理，关键就在于易学自身可衍展的广阔性，即只要不是强行附会的，通常都可以落在易义的自然范围中。所以，说明易学的体例连绵性质，何以易学能接通各门历史学问，既是难点之所在，也是学术上最有价值和意义的要点。

就历史上所做的文献整理工作来说，汉代学者确实做了极为扎实的基础工作。刘歆父子校理群书，对经典的定本是经过抉择比照后作出的。比如长沙马王堆出土的帛书《周易》《老子》写本，与现在的通行本比较就多有歧出，可见汉时各种典籍确有多种本子流传。马王堆帛书，写本较今本更原朴、更朴野。虽然年代久远，极为珍贵，但学理上还是现在通行的本子可靠。这一层是要说明的，即尊古也有一个原则抉择尺度。但本书的重心不在考订，而是放在义学。《周易》的义理系统，并不是一个只能猜测比附的对象，而是可以确定的，这是因为《易》从本性上说不是玄学，而是上古的文物，关键是摸清楚《周易》自身配套的学说理路，这一理路超不出六十四卦的范围。所谓六十四卦，也是由一个最基本的体例不断自身翻衍、排列组合而来的。所以任何一个易卦，都包含着

《周易》卦系的所有信息，这是从原理上看。如果追究易卦系统的原始，只有符号才是最根本的。至于卦下系辞都还是经历过变迁，并不是最一般、固定不易的。从现在遗留下的《连山》《归藏》卦系的残断、断片情况看，完全能说明这一点。像《帝王世纪》等古书中所讲的上古人文中神农、黄帝、《连山》、《归藏》等相关情况、分析，不是没有道理的、无稽的。前已提及以《周礼》载录的情况参证之，古代太卜之官并不限于占卦一事，还有关于通过梦卜问吉凶的事情，而且每一个梦要收集起来，进行总结。从这里也可以看到，当初先民占卦所得的符号，也是要不断与发生的实事对应参证的，经过千百年的实验堆积，总结出在经验概率上靠得住的说法，渐渐约定下来，形成自圆的卦系系辞系统。这完全有可能，这些必须结合古文献具体讨论。

由于《周易》牵涉的广泛性，详细的讨论只能在正文中才能具体展开，这里不能一一说到，所以只能例举几点主要的略加说明。《周易》的每一个卦，都与中国的人文通史相伴随、相始终，六十四个卦配合成的卦义系统，对人文全体起一个基本的收摄作用。延续到理学，即形成所谓范数系统。范数系统即是理学家用来该摄人文与自然的基本的观念手段，无一遗漏。卦义正是最初的范数系统。比如讼卦说：人之所以有争讼，是因为契约不明，如果明立契约，就会息止或减少争讼。这颇能说明古代中国社会中诸事重约定的性质，这一类的消息很值得留意。另外如剥卦，在义理上的关涉极广，而且义理明确，很有代表性。比如朱子谈人文，常常就牵涉到人文剥落的问题，他说人文史最多不过万年，且是在不断退化的，这属于人文剥卦。他又说，山河大地陷了，理还在，这属于自然之剥。但理是剥不掉的，所以又有剥尽复来一义，卦系是互相配合的。先秦人文史更是如此,比如老子说"失德而后仁,失仁而后义,失义而后礼"等等,就是一幅剥象。人文不断剥落而不得不至于礼,礼正是中土人文上古剥到最后的结果。紧跟在礼后面的就是兵了,周代的历史生动地展示了这一点。由此看来,华夏人文是一个极早就剥到了本质的历史,它可能只是人类历史人文的一个预演。比如说它没有宗教,没有神话传统,等等。很可能这些东西在上古就已经剥落掉了,因此它一早就直接进到了世俗社会,足见易卦就是一个符号化的人文史,是一个大的符写。像大畜卦所示,天在山中,也是具有广泛标示意味的。因为它直接"象示"道在器中、形上在形下中、理在气中、性在心中、礼制在名物中等等义。所以,论述卦义本身就是一个人文正始的基础理论工作,其意义不言自明。

　　如果更一般地说,易学透露给我们的观念起点才是最要紧的。比如《周易正义》开篇即解释说,悬挂物象显示于人。这就是说,世界只是一片法象,是显示给我们的。思想学说所讨论的基础问题,都不能脱出这一基本认定和设定,这一解释是符合原始易义的。由此,每一个卦都按照一定的基本体例展开,首先是阴阳两仪性,通过爻画的连断来标示,阴阳是最基本的。虽然阴阳性在人类各个不同区域都有所认识,但普遍的阴阳人文及思维只有中国最典型。从事物上说,时间与空间就是一对纯阴阳物。因为时间是只趋向于前的,它最健行,是最阳动外向施发的,而空间有无穷的容受性,是最阴性承接的。因此空间与时间是阴阳性最奇妙的一组,它们直接接通形上下两重世界,这一点在经验中获得的共识,常人很难推翻。

　　从三才三道成卦来说,天象地法人观配成一套组合,而人观

（亦即人道）是最主要的，这就是易所说的二、五之精。天地法象只是外界，但天人关系也包含显示在这里，至为基本，不可忽略。从易卦取象来说，远取诸物，近取诸身，这也就很自然会形成历史中万物皆备于我一类的儒家认识。孔子对弟子说多识鸟虫之名，也能反映上古博物之学与《易》的关系。从今天遗留的《尔雅》诸文献也能得到参证。前已论及，每一卦中，自然之象与人事之象一一对应，非常整齐，绝无例外。这说明什么呢？首先它表明中土思维的传统，重心搁在人文，而非自然物界，这一卦义现象直接就能说明、回答近代以来提出的科学问题。在这里，就有知识与认识的一层"别同异"。所谓知识，以单纯物理的最为典型，比如对一株植物，是草本还是木本，裸子植物还是贝子植物，菊科还是蕨类，门纲目科属种等分类都要清楚，这是知识。但由这一植物而说：生命之本根、大化之流行……这是认识。亦即在物上取义，取义可以是玄学的，可以是实学的，又有种种不同。中夏学说传统之认识根性，尤为我们所应仔细厘清的对象。这是性质上的正类别同异。关于取象命义，最可直接结合论述的即先秦名学中的《大取》《小取》，后文中我们还会谈到。

易卦虽然是一般性的，但并不是一律性的。易之三义，变易、不易在这里就得到很好的说明。关于一般性与一律性很值得讨论，因为两者混淆不清对人文生活产生过重大影响。一般性只是从知识事实上论的，但一律性则显系人为强制的结果。而且两者一旦作人为的偷换，负面作用就会很大。人都是要死的，这是一般性。但却没有理由说，人都必须死、都去死，这就是一律性了。人类社会及历史，经常是通过一般性来偷换地赋予一律性以天经地义的特权和充足成立理由，结果就导致对人类群体的欺骗和愚弄。因此一般性与一律性的正别同异关系巨大。《周易》卦爻中涉及一般而不一律的地方随在都是,《易》本身的变动使用,说明没有一定的东西可以固定下来,一切都是随时变转的、非固宜的。道家讲虚无,说明中国的人文是非常老的,也只有虚无是剥不掉的。从这里说,所谓无极太极者,也只是虚极、虚其极。因此义理上也就成其为轻重的根据,这些都是应该透彻的。也正因为虚无,所以"反"一下便有神明之说,而神明较之高明,更成为人文的潜台词,一般是不挂在口头的。

　　《周易》从它的始源来说,是事功的,这一性质一直延续下来。中国传统士大夫的史观也总是通过易义来传达。著名的例子有明末王夫之与黄宗羲等(如观卦、明夷卦等等)。这些当然都还是细节,主要是易的唯知与能的核心观念。简单说,就是古人有一个期望值,想通过对《易》的掌握,在知能上达到最高可能。即使不是全知万能,也要多知多能,《易》与史的关系始终是中国人文史中最生动的一对组合。所谓趋吉避凶,说明占卜的原始冲动首先还是安全感与稳定感的求得、获得。但是《易》本身并不负责太具体的建议,主要只是指示一种意见,而且其结果会因人为而发生阴阳变转。究其原因就是《易》很好地占据和控制了百分之五十这样一个基础概率,所以我们如果从数学性上来分析地观看易的各种节目,就不会再有神秘感的猜测。这说明知识上的透彻,对所以然的要点的把握,是破解各种迷信的玄说的关键。也就是说,根本无所谓迷信,只是理路上是否打通了。先秦易更单纯,没有后来历代堆叠上去的方术色彩和民间色彩,这是须说明的。从知能与体例的关系我们也可以知道,知识是有限的,"知道"才是无穷的。知识与知道毕竟有区别,知识只是提供一个基本的框架。比如数学,应用算题可能无穷无尽,但数学本身却很基本。《周易》的情况也是这样,它的元件符号只有几个,但它的施用则极繁。所以本书的基本观点恰恰是探讨《周易》的有限性(如体例)能缩在一个怎样的"限"内,这是《易》之体,正好与《易》之用相对称。《易》的至大肯定是用上面的,不会是体上面的。

笔者在九十年代中期曾写有易学论文二十多万字,但不成熟,也不完整,这一次研究,是希望写出完整的《周易》基本思想,主要是为了讨论知识与思维上的问题,由近而远地推进,方法上的统一是很关键的。最后,笔者将以前拟定的一个写作框架也一并附在后面参考。其中的内容,有的在论文中讨论了,有的则较简略。这些是由能力决定的。

框架结构:

一、认识与知识:卦爻的自然之象与人事之象

二、象数思维体例与人文学说部门

三、易卦爻画与文字制作

四、《左传》中的占卜消息

五、《周礼》中与卜问有关的内容

六、易学的分部讨论:义理易、数理易、性理易、名理易

七、易与政治人文史的关系

八、周易的基本思想及在学问部门中的分殊

九、周易文本的问题及比较

附记:本书原是笔者二〇〇四年五月在复旦大学哲学流动站撰写的博士后出站论文,指导老师是谢遐龄教授。书中的注释都是二〇一六加上的,所以征引了当年还未出版的文献,特此说明。

目　录

阴　阳

　　自上古以来,《易》的使用是绵延不绝的,成为中国义理之学的中坚。直到上一个世纪,仍有学者在利用易学建立自己的学说。由于历代发挥易义的著作浩繁,又由于《易》的广泛民间化,因此给人造成一种感觉,以为易是不可说的、很难定论的。这样,关于《易》首先就要面对一个追问。也就是说,《易》有没有一个最基本的东西,这个最基本的东西是什么,它可以约束在一个怎样的限度内? 因为从道理上推之,历代的关于《易》的学说现象不可能是无所依归、散放的堆积,里面一定会有一个一以贯之的贯穿,由此,历代易学就能够统一。这就好比一部大辞书,无论它的条目多么繁众,但是这部辞书却有统一的体例,依照体例去使用这部辞书,我们就不会有知识上的压迫感。易学也有它的体例,所以首先的问题就是寻找确认这一最基本的体例。而且,《易》之体例一定是很简单的。所谓易之三义,简易居其一。

　　关于《易》的基本内容,直到近代,学者还各有争论。比如吴汝纶就说:“卦、爻之辞,一人之作也。以卦辞为文王,爻辞为周公者,始于马融、陆绩,徒以‘王亨岐山’、‘箕子明夷’二事以为文王后事耳。不知‘王’谓殷王,虽文王以前何不可亨岐山之有?

箕子不用于纣久矣，亦不必至囚奴时始可言明夷也，何得以此二文遂悬定为周公作哉？自古皆言文王演《易》，不言周公，文王既为卦辞而不为爻辞，是其业未卒也。若以用之卜筮，遇爻变何以为占？且其文辞体例无稍殊别，若周公续文王之业，亦岂必字摹句拟，惟恐其不肖似哉？"①这里只是随举一例，说明即使到了吴汝纶所处的时代，作《易》的问题仍然是时有歧见、很难论定的，并不想就《易》的著作权展开辩证。《易》最基本的内容，都保留在《周易》经典中，《周易》的哪一部分为何人所作，这种讨论是否就绝对必要呢？上古著作事实的论定、实证本来是极困难的。这就如军事上的围困与巷战，巷战会带来极大的伤亡，而且容易导致支离，但围困却可能不战而屈人之兵。一定要纠核清楚哪些是文王所作，哪些是孔子所作述，未必是通达的办法。因为《周易》本身也只代表《易》的一个历史段，这以前的《连山》《归藏》卦系说明《易》的延绵广度未必是可以单用《周易》来限制的。因此，实证的态度，相比义理的态度，就显得保守和拘滞。换句话说，我们只要知道到孔子为止，《易》经过历代延承，达到一个怎样的基本的形貌就可以了。现在流传下来的《周易》经典，尤其是学说思想上，不可能不经过孔子这一重要的历史传递驿站。对此，我们不能死于书面字眼下。

　　《周易》在经典中顺序上排在首位，这能够表明它的人文初始地位。案《周礼·大卜》的说法，我们能够推知一些《易》的初期情况。文云：

---

　　①　吴汝纶：《易说》，《吴汝纶全集》第二册，合肥：黄山书社，2002年版，第7—8页。

大卜掌三兆之法，一曰《玉兆》，二曰《瓦兆》，三曰《原兆》，其经兆之体皆百有二十，其颂皆千有二百；掌三易之法，一曰《连山》，二曰《归藏》，三曰《周易》，其经卦皆八，其别皆六十有四；掌三梦之法，一曰《致梦》，二曰《觭梦》，三曰《咸陟》，其经运十，其别九十；以邦事作龟之八命，一曰征，二曰象，三曰与，四曰谋，五曰果，六曰至，七曰雨，八曰瘳，以八命者替三兆、三易、三梦之占，以观国家之吉凶，以诏救政。①

《周礼》虽然是制度之书，都从制度上说，但这些说法是有可靠根据的。这是因为，华文化最基本的特性，就是它的绵延因承性，由于这绵延因承性，一切历史事体便都有可还原的由来、所自。关于这一层，我们以后会专门谈到。由此，疑古也就是最不合于典章制度人文自身的逻辑的了，中国的文物学最能说明这一点，这是需要说明的。三兆、三易、三梦之法，说明上古时代占卜的多重性，并不止限于《易》一道。由此也可以看到，《易》的生长与来源具有深厚的根基，不是单独发育并成型的。这也就等于说，《易》只代表古代占法的一支，我们对它的考核须放在一个联观的基础之上，而不是支离抽象的。

《连山》《归藏》《周易》三种卦系有一个共同结构，就是经卦皆八，别卦六十四。经卦显然就是八元卦，六十四之数是八元卦排列组合而来的。同时我们还可以看到，三兆、三梦也有着相类的体例，所谓经兆之体百有二十，其颂千有二百，三梦"其经运

---

① 郑玄注，贾公彦疏：《周礼注疏·春官宗伯第三·大卜》，《十三经注疏》上册，北京：中华书局，1980年版，第802—803页。

十，其别九十"，与易卦系统比照有明显的对称性，即它们在数上也是衍生的。比如《周易》八元卦，搭配出六十四卦，每卦六爻，六十四卦共三百八十四爻，而三百八十四是圆的自然衍分数。因此，上古人文在配数上的讲究，便成为最显明的人文现象，而且各种配法远不是单元的，易数的配法只是各种数法中的一种。从常识上说，一到十的十个数，每一数都赋有重要的涵义。同时还有一些赋有重要意义的数也必须关注，如十二、十三、十六、六十四、三百八十四等等。以《周易》而论，每卦有总的断辞，并且每爻之下还系有爻辞，照此体例，三兆与三梦也有着清晰的总别之分，不仅有大体的说法，而且也有变化具体的说法。可以知道，到《周礼》的时候，解释上已明确专于国家政事一义。"观国家之吉凶，以诏救政"，这是制度占卦的认定，不是民间日用生活的，而是上层的。从出土的甲骨文也可以看到，内容都是关乎王事的，所有这些信息都表明，中土人文的传统从很古以来就是自上而下的一种形制，民间社会的发育，经过漫长的过程，到中古以后达到烂熟。由此，中国的人文思维，也总是从上而下的一种禀性，这一层，在士人群体表现得尤为明显。

但问题的关键，还是《易》的始原问题，从三兆、三易、三梦、八命已经可以看出，对《易》的原始我们不能作过度的想象，《易》从来源上说，一定是简单朴素的，绝不是难以论定的玄学。上古人文是可以实证、确认的，比如名学。如果觉得认定十分困难，那一定是过度理解的缘故。我们在思考易数的时候，一定要充分关注龟卜的历史情况，《周礼》中保存了不少关于龟卜的消息，而且从典章文献来看，龟卜的地位似放得更高。按筮人在大卜、卜师、龟人、菙氏、占人之后，这种排序可能有重龟卜的因素。贾公彦疏说："云国之大事待蓍龟而决者有八者,谓此八者皆大事,除此八者即小事,入于九筮也。若然,大事卜,小事筮,此既大事而兼言筮者,凡大事皆先筮而后卜,故兼言蓍也。"①从《周礼·大卜》的内容来看,凡占卜吉凶明显是用综合手段来完成的,即兆、易、占梦、龟卜都要用上,这至少说明上古人文进展到周礼的时代,已经是一个集成了。但是在各种占卜手段中,显然是有轻重之别的,而龟卜较受倚重应该是没有问题的。我们现在看到的《周易》,占卦显然是以数运,与龟卜有别。殷墟出土的大量甲骨文应是古人龟卜留下的遗迹,近人多有研究,尤其是对殷人周祭制度的研究,与经典中关于祭祀的载录正可参看。如《龟人》中说:"上春衅龟,祭祀先卜,若有祭祀,则奉龟以往。"②按《筮人》云:"筮人掌三易,以辨九筮之名,一曰《连山》,二曰《归藏》,三曰《周易》;九筮之名,一曰巫更,二曰巫咸,三曰巫式,四曰巫目,五曰巫易,六曰巫比,七曰巫祠,八曰巫参,九曰巫环,以辨吉凶。凡国之大事,先筮而后卜,上春相筮,凡国事共筮。"③龟卜的重要,可以从先筮而后卜看出来。贾疏解释说:"筮轻龟重,贱者先即事,故卜即事渐也。"④筮与卜代表上古人文两套并行的重要系统,从制度规定上说,卜更为尊贵一些;从文献上说,甲骨文较《周易》历史更久,但是《周礼》只能给出一个制度上的大体框架,因为历史中的具体人物对待卜筮态度是各别的,如《左传》

----

① 郑玄注,贾公彦疏:《周礼注疏·春官宗伯第三·大卜》,《十三经注疏》上册第803页。

② 郑玄注,贾公彦疏:《周礼注疏·春官宗伯第三·龟人》,《十三经注疏》上册第804页。

③ 郑玄注,贾公彦疏:《周礼注疏·春官宗伯第三·筮人》,《十三经注疏》上册第805页。

④ 同上。

中所记载的事件,情况就各有不同。重要的是《占人》中讲到的一条:"凡卜筮,既事,则系币以比其命,岁终,则计其占之中否。"①这与《占梦》中的内容可以联观,《占梦》说:"季冬聘王梦,献吉梦于王,王拜而受之,乃舍萌于四方,以赠恶梦,遂令始难欧疫。"②

　　我们现在研究的易学,实际上只是古代人文的一边,不是唯一重要的,像龟卜一边的细节情况,了解起来就要困难许多。《占梦》中所述,与卜筮似有同样的体例,王者平时所梦,不论吉凶善恶,都是要收集保存起来的,等到年终新年将至,便将好的梦保存下来,献于王,并送去噩梦,以新善去故恶,用傩驱逐厉鬼。这些虽然是上古的礼俗,属于王事,其遗迹现在民间仍有存留,但重要的是这些消息说明古人问卜吉凶是有一个厚实的经验堆积的,平时卜问的结果都要保留起来等待验证,绝不随意处置。因此,上古遗留下来的占卜文辞,肯定经历了一个量很大的打磨过程,这些可以从甲骨文的出土得到印证。从这里来推之,我们现在看到的《周易》卦爻下所示的文辞一定有一个历史堆积过程,不是一开始就这样的,这就是说,《周易》的文辞系统是可以剥掉的,并不是经义的、一定的,所以卦爻之辞与后来历代的解释系统相比较,可能只是历史更早一些的文献,并非是不可触动的。当然,这里只是借占梦之事推测《易》文辞、断辞的历史来源情况,疏谓:"既事者,卜筮事讫,卜筮皆有礼神之币,及命龟蓍

---

　　① 郑玄注,贾公彦疏:《周礼注疏·春官宗伯第三·占人》,《十三经注疏》上册第 805 页。

　　② 郑玄注,贾公彦疏:《周礼注疏·春官宗伯第三·占梦》,《十三经注疏》上册第 808 页。

之辞,书其辞及兆于简策之上,并系其币合藏府库之中,至岁终总计占之中否,而句考之。"①文中已经说得十分清楚,凡占卜所得之辞都要汇总收藏。断辞因为直接表占卜结果,所以必然简短。断辞等待核证,可靠的、经得住打磨才有可能保存下来。从这一层来说,保留下来的辞都有一个经验概率为基础,是可以肯定的。《周易》经典保存了上古人文的原始痕迹。由此推之,历史中《连山》《归藏》卦系在辞的系统上肯定与《周易》是参差不同的。那么剩下的问题就是,《易》既然是一个历代叠加起来的系统,在经验上有几千年的堆积基础,那么它就肯定具有相当的准确率。而更重要的是,《易》有哪些部分是更绝对的,剥落不掉的,一定是《易》相对最根本的部分;而后代解释中所执定的那些《易》中固定不变的内容,也就显得不可靠了。

　　说到这里,我们就有必要先作一个假定:《易》按其人文史构成,大致成一个金字塔式序列梯级,最上面顶端是卦爻符号,接

　　①　郑玄注,贾公彦疏:《周礼注疏·春官宗伯第三·占人》,《十三经注疏》上册第805页。

下来是卦爻下所系之辞系统,然后是历代的解说与发挥,包括《周易》经典中的《文言》《系辞》《说卦》等各部分,都是上代很古的解释。之所以作这样的认识,不仅是因为文献的情况透露给我们的消息,同时也因为文物出土本身的说明,提示我们必须做透彻的推断。比如帛书《周易》在卦名上就与现在通行的《周易》经典相出入,尽管总体上保持一致,如姤卦作狗卦,履卦作礼卦,等等。这说明卦名也是可剥的、变动的,因此,卦名与卦符本身相比,便没有卦符根本,而卦符本身是否就是不可剥的呢? 显然也不是,因为新近整理发布的先秦古《易》,用红黑两色配出六种符号就最好地说明了上古易符的多样性。因此,从卦爻符号到卦名,到卦爻下所系之辞(如前文所及的),再到对《周易》的通论性解释(如《系辞》),历代堆积叠加的结构便相当明显了,这是要求我们逐次灵活对待的。由此,当《易》被层层剥过之后,什么相对最本质的问题便无法回避了,经典本身的说法是伏羲画卦制作,才有了后来的卦系,但《周礼》反映给我们的情况却是,在制度规定上龟卜反而摆放在比易占尊贵的地位,尽管注疏解释说殷人质实,故有此人文现象,但这却不能不使我们想到人文古史中的根本说法的参差。殷人应该是卜筮并用的,只是古代占卦不容易像龟卜那样借物质材料流传下来。说到这里,什么是不容易剥掉的呢? 显然只有阴阳三道,这就等于说,阴阳三道应该是《易》之本体,是《易》最根本的核心,这是依理推之,比勘了各种基本情况以后导引出的结果。

关于阴阳三道,孔颖达疏解释得最简单直截,在疏"乾,元亨利贞"时说:"卦者挂也,言悬挂物象以示于人,故谓之卦,但二画之体,虽象阴阳之气,未成万物之象,未得成卦,必三画以象三才,写天地雷风水火山泽之象,乃谓之卦也。"①这里最主要的是对元卦符号为什么必须三画成卦问题的回答。经学是从天地人三道这一理路来作答的,即所谓"必三画以象三才"。虽然这是传统的自圆的解释,但如果对照伏羲画卦这样古老的说法,仍然是不能定论的。只是我们可以知道一点,上古人文中卦符系统的发生,一定与古人原朴的对人与天地之间的某种关系的认取有关,因此从这一层论之,经疏的解释本身已成为某种不能推翻替代的上限,这是有必要说明的。应该说,原始人文的情况,越是处在人文初始阶段的,越不会超出简单的概率,因此三画成卦的所以然也不会很复杂,只是后人对它的定论很难作出罢了。另外,二画不能成卦也关系到运数占卦的操作可行问题,即使初民,在设计一个人文系统的时候,也必须考虑自然自圆的问题,扬雄设计的《太玄》系统不如《周易》自圆便很能说明问题。比较言之,阴阳三道虽然是《易》的最根本所在(换句话说,《易》可以完全地概括在阴阳三道这一简单归结中),但阴阳较三道又更为根本。天地人毕竟较阴阳更具体,而阴阳只是一般的性质,还没有找到超出阴阳的事物,天地人本身就是有阴阳性的。现在我们看到的卦符,爻画都用连断表示,这就是阴阳性的表达、传递,同时在数上还包括奇偶之义。孔颖达疏讲解详细,可以参考。文曰:

> 然阳爻称九,阴爻称六,其说有二:一者,乾体有三画,坤体有六画,阳得兼阴,故其数九,阴不得兼阳,故其数六;二者,

①　王弼、韩康伯注,孔颖达疏:《周易正义·乾卦》,《十三经注疏》上册第 13 页。

　　老阳数九,老阴数六,老阴老阳皆变,《周易》以变者为占。①

　　可见连断奇偶、阴数阳数是严格对应的,同时指明《周易》占卦是以老阴老阳之数为依托的。另外还有少阳少阴之数,孔疏交待得也很明白,说:"阳数有七有九,阴数有八有六,但七为少阳,八为少阴,质而不变,为爻之本体;九为老阳,六为老阴,文而从变,故为爻之别名。"②本体别名之辨,只是历代经说解释的一种传承,事实会是怎样呢? 因为我们知道,按古人传下来的占筮之法,会得到四种可能的数,即七八九六,除此而外没有别种可能了。因此,如果从算数的角度去看,本来是一个极简单的或然问题,但这只是数学事实,经学家却不能不对每一种得数可能给以经义的解释,所以事实与解释之间是有一个距差的,这也是我们必须看到的一层。数学是什么呢? 数学就是关系,只不过它是数的关系,人的关系是伦理。因此,每一项具体的固定的数的关系,本身都是天经地义的,比如一加一就等于二,数学研究就是寻找各条纷繁的经义的数关系,古代的易数演数是极典型的例子。经学解释本身也是一个被研究的对象,而对古代人文中一些最基本简单的事实,我们也完全可以借助有效的推知手段来辅助理解。关于运数之事,注疏解释说:"后代圣人以《易》占事之时,先用蓍以求数,得数以定爻,累爻而成卦,因卦以生辞,则蓍为爻卦之本,爻卦为蓍之末。"③蓍龟都是神物,赋有重要的意义,《周礼》说蓍龟每年都要更换新的,除了难得的大龟不每年

————————

① 王弼、韩康伯注,孔颖达疏:《周易正义·乾卦》,《十三经注疏》上册第 13 页。
② 同上。
③ 同上。

更换，所谓"攻龟用春时""上春相筮"者，讲的就是这个。

　　说到这里，就回避不开一个问题，即占卦为什么一定要用四十九之数，而不是别的？对此，历代也不能有一个都信服的一定之论，我们所能确知的只是既然——用四十九之数，而不是所以然——为什么这样用。从实际操作方面来讲，四十九之数确有相当的便利和自圆性，这一点看上去简单，但在人文初始古人设计这样一个操作系统对智力却有很高要求。因为它不仅仅是演数，更重要的是这一系统必须把自然、人事两边都八面周全地照顾到，在解释、说法上达成自然而自圆的经义效果。即从这些道理论之，即使现在我们已不能确定四十九之数的所以然由来、来源，而只能参考古人较经典的解释，但也丝毫不妨碍我们对上古人文的透视。案《系辞》云：

　　　　大衍之数五十，其用四十有九，分而为二以象两，挂一以象三，揲之以四以象四时，归奇于扐以象闰，五岁再闰，故再扐而后挂。天数五，地数五，五位相得而各有合。天数二十五，地数三十，凡天地之数五十有五，此所以成变化而行鬼神也。乾之策二百一十有六，坤之策百四十有四，凡三百有六十，当期之日，二篇之策，万有一千五百二十，当万物之数也，是故四营而成《易》，十有八变而成卦，八卦而小成，引而伸之，触类而长之，天下之能事毕矣。①

　　这一段通论包含的人文消息很多，已成为常识。从"乾之策二

---

　　①　王弼、韩康伯注，孔颖达疏：《周易正义·系辞上》，《十三经注疏》上册第80页。

百一十有六,坤之策百四十有四"可以看到,乾坤作为两个最单纯的卦,爻画的连断是表阴阳的,因此,我们用阴阳三道归结《易》便有足够的理由和常识根据。因为每个元卦都是三画,而每画有阴阳之分(连断变化),这就表明一种分工,即连断(线)专门表示阴阳性,卦变也就包含在其中,而画数(必三画)则表示天地人三道。这其中是细致分开的,绝不混淆。因此,从可剥性来推求,最后只有卦符是比较恒定的,所以阴阳三道一定是《易》之体所在,剩下的都只能从《易》之用的层面去理会关照。这样我们就可以看到,易体是至简的,正合简易一义,至于所系之辞,也仍然是《易》之用的一种表现。这一层,上文我们在谈到《周礼》时已经提过了,系辞是人文史中的一个过程。可以说,阴阳三道是人类人文史所能找到的最简单的归结,这同古人知能念头有关,寓义唯至简乃可以至繁,都表现在体用上。易用是不可能找到它的边界的,这一层已成为历史了,所以我们只能找《易》的体,只有握《易》之体,才可以御《易》之用,这一思路,是历代易学著述教给我们的。正如前文所述,较之三道,更本质的是阴阳,因为阴阳是比三道更难剥掉的内容。但阴阳两仪本身不能直接用来运算,所以三道的确定、发生便是必然的。八元卦经重组,排列组合成六十四卦,更丰富了《易》的操作可行性,孔氏疏在讲三才两仪时,背后实际上也就是这样一层关系。由于古代占卦的方法一直流传下来,所以我们对之不再赘言,而进入直接论述。

　　乾坤两卦是最单纯的阳卦、阴卦,所以最能说明阴阳性。关于四十九数的解释,我们可以参考下面两种经典解释。孔颖达疏说:"五十之数,义有多家,各有其说,未知孰是。"[1]由此可见,孔氏疏

---

① 王弼、韩康伯注,孔颖达疏:《周易正义·系辞上》,《十三经注疏》上册第 80 页。

是有家法传承的，抉择过很多家师说，有充足的历史根据，最后约定出一个比较稳妥的说法，这就是为什么历史上一定要倚重经疏的原因。"京房云：'五十者谓十日、十二辰、二十八宿也。凡五十其一不用者，天之生气，将欲以虚来实，故用四十九焉。'又马季长云：'易有太极，谓北辰也，太极生两仪，两仪生日月，日月生四时，四时生五行，五行生十二月，十二月生二十四气，北辰居位不动，其余四十九转运而用也。'"①从汉易的特点来看，第一特点就是思维非常质实，不像后来那样虚灵，这也能反映汉朝的历史性格，风格是比较板结厚重的。汉代的学者，多从天文历象的角度来说《易》，不能说不对，但天文历象只是《易》要包含的一个方面，《易》不可能只止限于此，这一点是关键的。宇宙变化、十二律吕，种种法象，都不能脱出阴阳的范围，它们本身就是直观的阴阳呈示。比如北辰，是居中不动的，而众星拱之，这是古人的认识；但北辰与太极等同，却肯定不合宜，因为太极不是具体的实物、实体。假如我们把马季长所讲说的只从一种模式意义去理解，那么就会感到对应的自然了。日月生四时，这属简单的经验，因为四季确是地球绕日公转的运动中自然形成的。但汉人释《易》，也不止天文历象一途，比如荀爽说："卦各有六爻，六八四十八，加乾坤二用，凡有五十，乾初九潜龙勿用，故用四十九也。"②这种思路，从经典中挖找消息自己拼排，未必可靠。像姚信、董遇说："天地之数五十有五者，其六以象六画之数，故减之而用四十九。"③这种解释，情况也大致相类。王弼最后从太极虚实有无的义理上去说，算是承自汉易而为之一变。

----

① 王弼、韩康伯注，孔颖达疏：《周易正义·系辞上》，《十三经注疏》上册第 80 页。
② 同上。
③ 同上。

　　由此我们可以看到一条规律，前代学者在解释难以追问的内容时，常常借助自己挖找拼接自圆的方法来处置，从学理上推求，便有很大的不可靠性。同时，也说明易占的古老事实，不可能成于晚近，否则典章文物性质的华文化便不会缺少稳定的成说。

　　另一个重要的参考解释是李鼎祚的《周易集解》。值得注意的是，李特意引用了近人崔觐的解释，而李氏集解《周易》是以保存汉易著名的，选用崔说一定是有所抉择的，正如李氏自己所说："崔氏探玄，病诸先达，及乎自料，未免小疵。"①大体上总是肯定崔说的。案崔觐云：

　　　　明倚数之法，当参天两地。参天者，谓从三始，顺数而至五七九，不取于一也。两地者，谓从二起，逆数而至十八六，不取于四也。此因天地数上以配八卦而取其数也。艮为少阳，其数三。坎为中阳，其数五。震为长阳，其数七。乾为老阳，其数九。兑为少阴，其数二。离为中阴，其数十。巽为长阴，其数八。坤为老阴，其数六。八卦之数，总有五十，故云大衍之数五十也。不取天数一地数四者，此数八卦之外，大衍所不管也。其用四十有九者，法长阳七七之数也。六十四卦既法长阴八八之数，故四十九蓍则法长阳七七之数焉。蓍圆而神象天，卦方而智象地，阴阳之别也。舍一不用者，以象太极，虚而不用也。且天地各得其数，以守其位，故太一亦为一数而守其位也。②

　　崔觐批评王弼的解释说："但言所赖五十，不释其所从来，则是

---

①　李鼎祚：《周易集解》，北京：中华书局，2016 年版，第 419 页。
②　李鼎祚：《周易集解》第 418—419 页。

臆度而言，非有实据。"①孔颖达疏也承认但赖五十者自然如此，不知其所以然云。崔说配合八卦之数回答大衍之数五十这一问题，较之传统理路并没有突破。由此可知，历史中对此问题的答复基本上也就到此局面为止了，至于说到不取天数一地数四，只是回答为什么不用五十五数，而只取五十之数，但这显然属于又次一级的问题。因为《系辞》中讲过：天一、地二、天三、地四、天五、地六、天七、地八、天九、地十，奇数属阳，偶数属阴，天数地数相加总和为五十五，所以五十、四十九、五十五三者实际上构成了一个问题连环。但是，如果暂时撇开经典解释而单从数学演算的操作角度看，五十五之数不如四十九之数自圆、方便是显然的。无论是孔颖达疏还是李鼎祚集注，都同样讲到了太极、太一、虚无等义，用来解说四十九数的问题。由此我们可以得到两点收获：一是历史中经学解释本身作为历史学说的价值；其次是四十九数的形成，虽然不能在书面定论，但我们完全可以知道这是在先民长期的摸索打磨中约定成形的。这样就有一点值得我们考虑：上古人文中有很多基本内容是群体约定，不是属于个人的。比如老子讲的许多思想就是公有的常则，并不属于个人创作发明。于是便有一个问题：古代学说思想到底多大程度上有个人的制作，是否可能有完全个人性质的制作，而不是群体因承性的？比如韩非的思想，他的个人色彩也许表现在怎样利用前人现成的思维成果上。关于这些，我们以后有必要加强讨论。

　　《易》的基本内容当然不会是非约定的，从个人化去解释总显得不大可靠，我们很难从既定的立点去看待它，约定与既定是不相同的。孔颖达疏在义理上包含了很多重要信息，我们不能绕开这

---

　　①　李鼎祚：《周易集解》第 419 页。

些内容。疏说：

> 蓍所以堪用者，从造化虚无而生也，若无造化之生此蓍，
> 何由得用也？言"非数而数以之成"者，太一虚无，无形无数，
> 是非可数也。然有形之数由非数而得成也，即四十九是有形
> 之数，原从非数而来，故将非数之一总为五十，故云"非数而数
> 以之成也"。……言此其一不用者，是《易》之太极之虚无也，
> 无形即无数也，凡有皆从无而来，故《易》从太一为始也。……
> 若欲明虚无之理，必因于有物之境可以却本虚无，犹若春生秋
> 杀之事，不见生杀之象，是不可以无明也。就有境之中，见其
> 生杀，却推于无始，知无中有生杀之理，是明无必因于有也。①

从这里我们可以看到几层意思，对于不可数者都约定为一，所
以四十九数之上的一个数被解说成虚一之数。这当然是对既然的
经义处理，因为任何一个数，都是可以赋以它经义性的，比如八十
一、五十五等等。扬雄的《太玄》是按九九之数去配的。司马光《潜
虚》是按五十五数去配的，当然历史中按八十一数去配的不止一
家。从义理上说，有无之辩结合虚无去讲，与一般的玄学有别。比
如问：有没有无？回答说有，那么它还不是真无。诸如此类，只是
以空对空的推法。经典解释中讲到无就着有去显现，虚无之义是
一贯的，这在解释"一阴一阳之谓道"时表现得最集中。

综合前面讲过的我们知道，卦为《易》之体，所以孔颖达开篇即
解释卦的涵义，实际上就是对《易》的根本作了交待，我们讲的阴阳

---

① 王弼、韩康伯注，孔颖达疏：《周易正义·系辞上》，《十三经注疏》上册第80页。

三道也就是对卦本身的成分的剖析。由此,余下的便都是用的衍绎,而一阴一阳之道,也就是对《易》最终的可能归结,我们很难找到比这更根本的概括。这是用剥的方法来得出的。《系辞》实际上就是关于易理的通论,各条内容像球一样地结为一体。《系辞》云:"一阴一阳之谓道,继之者善也,成之者性也,仁者见之谓之仁,知者见之谓之知,百姓日用而不知,故君子之道鲜矣。"①

　　从"一阴一阳之谓道"的简截断语可以知道,古人认为一切都可归之为阴阳是没有问题的。这等于说,我们不仅可以用阴阳三道来归结《易》,而且扩充一步,我们也可以同样用阴阳三道来归结华文化。如果把中国的人文系统比作一个金字塔形,那么阴阳就是塔顶,而从虚无、太一、数一、太极等一贯义理来看,阴阳三道本身又可以作进一步的通约归结,那就是一,一就是华文化归结宇宙自然与人世人文的真正核心。关于这一层,这里只能是先行提出,等待展开。像"易有太极,是生两仪",就充分说明了一与阴阳三道牢不可破的关系。简单言之,阴阳之道不仅是自然之道,也是人事之道,而且阴阳之道本身是中性的,它没有善恶偏倚,也就是不对善恶有道德承负,这就是老子讲过的天道无亲。因此,赋予天道自然以善性,便成为人为之功,因为自然之道只负责成就,而不负责选择。这一层意思,后来在理学中就演化出有理性与合理性两个区分。所谓有理者,就是凡事凡物都有其成就之理,比如扇子有扇的理,因而有理是中性的;而合理者,便系人的主观认断与选择,比如说,这是不道德的、非理的、恶的、不合理的、应该绝弃等等。所以继善的只有人,善本身是人的一种赋加性,是人为性。但人事之

---

① 王弼、韩康伯注,孔颖达疏:《周易正义·系辞上》,《十三经注疏》上册第78页。

道也是有阴阳之分的，两种意思并无扦格。由于人有成就善、抉择善的本性、禀性，因而最终才能以善继之，用善这一边补充阴阳天道。这就是说，古代学说认为人是禀有善性的，但关键是，禀有善性与人性就是善的意思悬殊，有与是的同异是须正别的，孟子之学在这一层上明显有问题。从这里我们看到了阴阳与性的关系，善恶便是一组阴阳，这一点我们有很多机会讨论。《系辞》中所讲的并不专于道德性，而是更多地演说特性、属性等义。孔疏说："若能成就此道者，是人之本性，若性仁者成就此道为仁，性知者成就此道为知也。故云仁者见之谓之仁，知者见之谓之知，是仁之与知皆资道而得成仁知也。"①这就说出了一个重要意思，即人所成就的那一块，与他禀赋的那一块，有着明确的对应性。因此各人的性分是不一的，而阴阳也绝不是笼统的所指，它具体到各个单项上，比如仁知就有阴阳之分，仁属阳性，知属阴性。这与仁义有阴阳之分是同理的，义属阴性一边，因为义常常是通过刑杀体现的。说到这里，有必要表明，阴阳绝不是一个感觉式的断分，比如把仁与春天联想到一起，把义与冬天联想到一起，等等；而是从反向的角度来推究，我们很难找到不这样归分的理由。因此，阴阳是一个公则，也就是显而易见的了。至于说人文怎样从历史经验得到它，那属于认识史的问题，与阴阳作为规则而成立，其分工职辖是不同的。

　　有一点须说明的是，在传统学术思维活动中，阴阳两仪是公理起点，而现在关于阴阳却发生了达意的问题，如果达意有困难，那么运思活动就会受到连锁影响。这是因为，如果正序地说，阴阳之一是归约人文与自然的上限，则它的该摄就是无穷的。由此，假如

① 王弼、韩康伯注，孔颖达疏：《周易正义·系辞上》，《十三经注疏》上册第78页。

现在要反过来逆序地解释阴阳到底是什么，便好像掉进了一个无底的深洞中，达意的可能就成为问题了。我们不妨举例说明。比如说一个人从来没有看见过麒麟，他想知道麒麟到底是什么，于是就让另一个知道的人给他解释。结果是那一个人也许讲一万句话，也未必能让这个人究知，但只要出示一张图片，说这就是麒麟，用不着说一句话，那个人就明白了。所以，知识归结起来，都是一个达意的问题。知识的类型不同，达成的办法也各异，感知对象与内容不能说知，就是这个道理。阴阳的包揽性既然是无限的，那么反过来要对它达意，也就可能面对很巨大的一个达成量，所以对阴阳的体认，可能只能在阴阳的用的展开中，才能取得良好的效果。而对阴阳的流于印象的"熟悉"，也成为一个事实的妨碍因素。

回到正题，孔疏从虚无来说数一，未必是可靠的。他说："一谓无也，无阴无阳乃谓之道，一得为无者，无是虚无，虚无是太虚，不可分别，唯一而已，故以一为无也。"①王弼、韩康伯最后要以无说《易》，是有其历史学说发展脉络的，但这不是这里要讨论的重点，我们只要知道无之一义是包含有大量具体历史学说义理内容的就行了，比如无名、无体、无方、无功、无极、无象、无形、无数、无称等等。这些名目，横贯于整个中国古代学说史，既然不可数的都约定为一，那么将无与一联在一起，义理上也就不费解了。因为无论是无还是一，尤其是一，对传统人文系统都有实际的归结作用，这是从事实既然来说。所以思维理路上，无与一两者会很自然地并行，就这一层来看，古人最终用无说一，说阴阳太极，乃是必然的。

之所以说孔颖达的解释未必可靠，是因为很明显地这里已经

---

① 　王弼、韩康伯注，孔颖达疏：《周易正义·系辞上》，《十三经注疏》上册第80页。

完全用后人的理论去包装了,而不是《易》的原始。其实"一阴一阳之谓道"的意思相当简单,完全反映在文面上了。就好像说:宇宙之道,也就是一阴一阳(一个阴阳)啊!关于之谓与谓之两个词,戴震曾专门作过辩证,实际上这里的分别很简单,之谓是作者的立断,而谓之是作者说论别人怎样去认取、立断,并不表示这是作者自己的意见、观点(之谓与谓之似有总说、分说之别,从某一方面去说,通常用谓之)。孔疏提供给我们的成果是,在《系辞》这一通论得出阴阳是古人所能找到的最后总结之外,汉晋以降的学者、注疏家又给出了一个用虚无、无一来作为自然与人文的最终总结的方案。从这里我们可以看到,在上古、先秦时代,《易》就已经义理化了,而这义理之《易》在后代还持续进展,不论这过程中易占是否并行。这就是为什么我们不能从单一的原始发生角度去研究《易》的原因,《易》本身就是一个连续体。说到这里,关于古人用一、用阴阳(三道)来做终极归结,包括用无这一方案,我们应该有了更多的感受。这个模型是非常整齐的,诚如经疏中所讲的,一、无、太一、太极、阴阳、卦爻等等,学理上都是连锁相通的。《系辞》说:"易有太极,是生两仪,两仪生四象,四象生八卦,八卦定吉凶,吉凶生大业。"[1]这已经成为《易》的基本模式了,关于它的解释,我们可以参考韩康伯的注,韩康伯的学术还是承自王弼一路的。他说:"夫有必始于无,故太极生两仪也,太极者,无称之称,不可得而名,取有之所极,况之太极者也。"[2]

先秦名学,有所谓"况谓之名"。太极这一名指,正应此种情

----

① 王弼、韩康伯注,孔颖达疏:《周易正义·系辞上》,《十三经注疏》上册第82页。
② 同上。

况。应该说，太极在历史中已经是一个比较成熟的指称了，我们只能说前人对太极所指向的那么一个意思很早就醒觉了。名言通常总要晚于事实，这是名实的常则注定的。孔疏进一步说："太极谓天地未分之前，元气混而为一，即是太初太一也，故《老子》云：'道生一。'即此太极是也。又谓混元即分，即有天地，故曰'太极生两仪'，即《老子》云：'一生二也。'不言天地而言两仪者，指其物体，下与四象相对，故曰两仪，谓两体容仪也。"①这是从元气、气质去解说，显得质素，而两仪从天地配合解释，则两仪是比较实态的。我们从这里的学说解释中，至少可以看到来自宇宙自然一边的对一与阴阳这一终极归结的印证。因为气是质方面设定的一，一切都是由气质凝成的，虽然万物厚薄浓密不一，所谓轻清为天，重浊为地，这是最初的阴阳判分。宇宙本身是稀薄的，但宇宙中的行星，比如地球，却是密度很高的物质（气质凝结），这一经验，古今只有表达习惯上的不同。但太极两仪，最终是不可能限制在自然一边的，必然要包含人事在内，像"四象生八卦"一义，显然是人为参赞总结自然之事，即是最好的说明。那么，从太极两仪的模子，我们最终能得到些什么观察呢？很明显，阴阳与一，从数上来论校，似乎有一与二之分别，而事实却是，阴阳与一并没有机械的界隔与过渡，并没有派生关系，因为阴阳就是一个统体，整体的一，这就是为什么古人津津地谈论、申说不可指数、不可称名、浑沦虚无的真正意思。气质元一是物理自然之一，气是中夏思维中最基本的常识，这里就不专门赘论了。综贯以前所说，阴阳三道与一作为综括中土人文的关键也就显得明朗了。

---

①　王弼、韩康伯注，孔颖达疏：《周易正义·系辞上》，《十三经注疏》上册第82页。

　　从大衍之数、太极两仪等内容看，义理上有一个很明显的连续相扣环节，其中一些内容是与日用生活经验连结在一起的。这些部分的情况比较明了，考证的余地不大。比如四时、五岁再闰、三百六十日、奇偶十进数制等等，这些内容，虽然是后人的解释，但因所述本身都系人文中最原初的内容，所以很难说不是前人在设定四十九之运数系统时不考虑的对象。就是说，这些单项内容如何圆融地配套装在联合照应中，是需要一定的摸索打磨的。人文初始的一切设定无不与初民的观念、认取相系，尤其华文化的因承性，使我们相信《系辞》中的成说是可据的。像"三百六十，当期之日"一事，孔疏说："三百六十日，举其大略，不数五日四分日之一也。"①这种记数法，显然与阳历相符应，但是中国的农历却是阴阳历，不用阳历纪年。北宋沈括制定十二气历，属于阳历，非常省便合理，但最终却不被采用推行，由此亦可见华文化中阴阳认同之根蒂深固。而且农历本身有一点奇妙之处值得注意，就是平年全年三百五十四天或三百五十五天，这是以月球绕地公转为纪的，即阴历；而有闰月的年份全年三百八十三天或三百八十四天，这样就把最标准的分圆数——三百八十四配出来了。三百八十四是一个绝对数，是圆的自然衍分数，单用规矩即可作出。而宇宙中星体的周期运转与标准圆及分数比总是有误差的，从出土的古代帛书等文物可知道，自三百五十余之数到三百七十余之数不等，地球绕日公转只三百六十五数即一例。由此可见华文化是非常重配合的，能够配齐的都尽量力求严整，所以我们也能借以窥见古人配四十九之数绝非无因由了。根据占筮之法，如果是老阴老阳的情况，那么

---

① 王弼、韩康伯注，孔颖达疏：《周易正义·系辞上》，《十三经注疏》上册第80页。

乾卦六个阳爻每爻,有三十六策(即三十六根蓍草表示的),则六爻总共二百一十六策;坤卦六个阴爻,每爻二十四策,六爻共一百四十四策,两者相加共得三百六十,这是一种情况。如果是少阴少阳,乾卦六爻每爻二十八策,六爻一百六十八策,坤卦六爻每爻三十二策,六爻一百九十二策,相加仍得三百六十之数,这可见运数系统当初设计周全的一个侧面。孔疏说:"凡前闰后闰,相去大略三十二月,在五岁之中,故五岁再闰。"①三十二之数,显然与月闰相关,由此可以推见,四十九之数中,各种运算所包含之数,大要与古天文历象直接相关相应,因此我们如果认为大衍之数的真正来源系上古人文之历法,绝不能说没有成立理由,这正是真正的天数。

《易》六十四卦共三百八十四爻,合计一万一千五百二十策,乾坤之策配出三百六十,显然含有天地运行以成四时周岁等义。乾坤两卦是六十四卦中最单纯的两卦。另外还有两个重要的卦即既济、未济卦。《周易》以未济结尾,表明它是一个开放系统,取不穷之义。值得注意的是"当万物之数"的当应如何理会呢?我们知道,《系辞》讲过"类万物之情"一义,所谓"类万物之情",就是指比类万物的情况,因而,类是中夏学术运思的载具。同时我们还能够看到这样一层,古人的思维特点,重心放在如何把握和掌握事物的情况,从知识学问上来说,情况似乎是最外表层的,但事实是除了情况,无论我们怎样向下推求,很难再得出情况概括以外的东西。比如机械是怎样结构的,就属于这机械的情况。由此,"当万物之数",也是对万物情况的把握方式,是人为设定的对事物的一种比

---

① 王弼、韩康伯注,孔颖达疏:《周易正义·系辞上》,《十三经注疏》上册第80页。

类相当。固然,万物之数是无穷无尽的,但从数上收摄到一万一千五百二十,以配合卦运,这至少表现了古代人想该摄把握宇宙万事的鲜明意向。至于那一具体的办法,倒不是思维之本体。所以说,知能控制欲是人文天生所禀赋的,只是具体表现方式会各有不同。这样,"触类而长之,天下之能事毕矣"一义也就具有了总结作用,它说明大衍之数、卦爻系统、太极两仪,简言之,阴阳与一,是有运类为基础的。名学以类为基本,与《易》等古人文系统是承续相通的。这些我们会有机会讨论。孔疏说:

> "触类而长之"者,谓触逢事类而增长之,若触刚之事类以次增长于刚,若触柔之事类以次增长于柔。"天下之能事毕矣"者,天下万事皆如此例,各以类增长,则天下所能之事、法象皆尽,故曰"天下之能事毕矣"也。①

孔疏讲到"天下万事皆如此例",充分说明中夏思维是体例思维的,但体例不是胡乱成立的,它要建立在类上,也就是类例、例类。像爻的解释从仿效上着眼,也说明体例的实在性。刚柔显然也是一组阴阳,刚柔在易学中所以如此重要,是因为它与治乱处事有深切的关系。我们知道,中国的历史,大体上都可以作治乱的归分,治乱就是历史政治上的一组阴阳,这说明政治,至少在传统士人眼中的政治,无外乎阴阳的归结,在世变推移当中,取阳刚有为,还是执阴柔无事,便成为个人抉择的关键。以后我们会看到,六十四卦只是阴阳人事具体的、直感的展示罢了。更为要紧的,"触类

---

① 王弼、韩康伯注,孔颖达疏:《周易正义·系辞上》,《十三经注疏》上册第80页。

而长之"与阴阳性联说,这表明类也是阴阳的,类的升降即为阴阳分别,如共别级阶等都是。这样,天下万事万物赖有类这一依托便能得到统一,只是类的不同,情况也各有异罢了。别同异当然也就是别类。所以系辞通论中所讲的各条义理,实际上也就是中夏的思维性质,只有这样去看,才能够简单透彻地知道《易》到底是在讲说些什么,而不至于陷入悬猜捕捉中。上古人文是非常质实的,《易》的基本内容(即它的体)可演说的不多,因为就那么一些内容。《易》的繁复在于它的如何演示、具体应用(即它的用),系辞通论讲说的义理再多,也不脱出阴阳与一这一归结。为了辅助说明问题,我们不妨再举两例历史中的解释加以补充。朱熹解释"易有太极"说:

> 　　一每生二,自然之理也。易者,阴阳之变,太极者,其理也;两仪者,始为一画以分阴阳,四象者,次为二画以分太少,八卦者,次为三画而三才之象始备,此数言者,实圣人作《易》自然之次第,有不假丝毫智力而成者,画卦揲蓍,其序皆然。[1]

朱子以为太极八卦,所成都因于自然之序,这是一种经义的认识。如果追问为什么人文中只有中土产生了这些,就会感到它还是具体问题。只是朱子以理说太极却是一贯的。而理自宋以降,实为学说思想之核心,各家学术,主体上不能脱出一个理,这与五经正义系统以无为核心正好形成对照。这样看来,历史学说虽然

------

[1]　朱熹:《周易本义》,《朱子全书》第一册,上海:上海古籍出版社、合肥:安徽教育出版社,2002年版,第133—134页。

纷呈，但大要的归宿并不复杂。理一与无一，都是最终的一，而上古原始人文拎出的一就是阴阳。所以从这一点论之，从阴阳到无，再到理，学理排序是历史脉络鲜明的，从数上去数都可以说是一。但很显然阴阳是不好用理或者无再说的，因为阴阳是更原始的认识发明，与理或者无有历史排序的分别。只是从整个学说思想史观之，阴阳、理、无具有协作互补性。

李鼎祚《周易集解》引虞翻之说云："太极，太一，分为天地，故生两仪也。"阴阳虽然最为简单，但宇宙事物作为一个无尽阴阳链却是显然的，至少古人是这样认识的。由此作为起点，我们往下梳理古人的解释系统也就顺畅了。

形 上 下

　　《易》从观念上切分,最基本的是形上下一义,《系辞》云:"形而上者谓之道,形而下者谓之器,化而裁之谓之变。"孔疏说:"道是无体之名,形是有质之称,凡有从无而生,形由道而立,是先道而后形,是道在形之上,形在道之下,故自形外已上者谓之道也,自形内而下者谓之器也,形虽处道器两畔之际,形在器不在道也。既有形质,可为器用,故云'形而下者谓之器'也。"①前文已经说过,阴阳是初民遗留下来的最原始的学理财富,而形上下就是紧跟着的更成熟的补充,这就是为什么在阴阳之后接说形上下的原因。虽然孔疏结合了有无生成等解释,但形而上显然并不是无,而是实有的,只是有的类型与形而下不同罢了。形而下与形而上的唯一区别,就是形而下是有形质的,是形质的,而形而上则是没有形质的,非形质的。因此,形而下就是对形而上的兑现,所以形而上永远要大于形而下,形而下永远要小于形而上。提供形而下的可能条件就是气(质)、时间和空间,因此,气(元气)、时间和空间都是物,只不过它们是形态最独特的物罢了。比如说一个石球,它是形而下的实物,但是这石球中所含

---

① 王弼、韩康伯注,孔颖达疏:《周易正义·系辞上》,《十三经注疏》上册第83页。

的圆、圆形却是形而上的，所以形而上并不空玄，本身也是有虚实之
分的。孔疏论形在两畔之际，主要应这样去理解：质才是真正的断
分形上下的依准。古人形质并称，所以要考虑表达上的习惯因素。
《墨辩》中讲的"已，成、亡"一义，[1]就直接体现形上下的性质和情况。
从事物的生灭来说，基本上是这样一个过程模式：首先是从形而上
下降，兑现到形而下，然后经历一段形而下的过程，最后回到形而
上。万事万物的基本解释，都很难脱出这个模子。从阴阳性论之，
显然形而上属阴，是寂然不动的世界；形而下属阳，是感而遂通的世
界、生成的世界。在礼学中，上帝、鬼神、人这三元就明显有形上下
的归分。上帝显然是形而上的，而鬼神便有了形上下、阴阳性的剖
分。所谓形骸归于地，实物尚存，当然是形而下的；但人死就永远进
入历史，总体上又还归形而上了。比如说孔子，两千五百年前他是
个活人，那时孔子当然是形而下的，但现在孔子却是形而上的鬼神
了。因此鬼神不是人，鬼神由人而来而宾于帝。至于每一个活人，
最后都会成为鬼神的，这里面的分别非常明了。中国古代学术有一
个整齐自圆的系统，要件已经配齐，是疏而不失的。

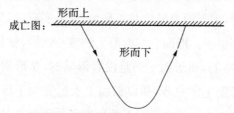

成亡图：

说到这里，我们可以作一个小的归结，形上下本身也是有阴阳
之分的。《黄帝内经》说："阳予之正，阴为之主。"[2]形而上当然有

---

① 《墨子·经上》，《二十二子》第 256 页。
② 《黄帝内经·素问·阴阳离合论篇》，《二十二子》第 883 页。

主导性,因为形而上都是理有的。但是形而上的情况较形而下却要单纯一些,形而下因为具体形质的缘故,情况便有多重。大体上我们可以归结为三项,即:时间长度、空间广度和事物量度。事物显然都要以元气为媒质,没有气质,便无由成立事和物。形而下世界简单说就是事与物的总和,因此事物的数量也就是形而下的量,事物量度就是从这一层去说的。至于时间空间因素,则更是日用常识。比如一件事物存续多长时间,一个人活多少年,这些都属于时间长度;而事物必然所占的空间,比如一座城市所占空间,肯定有一个广度、一个大小多少,空间广度就是从这里去说的。由此,假如我们建立一个三维坐标,就有可能把形而下事物的情况,都形象而大略地标出来,这虽然是现在作的整理,但却是符合事实情况的。

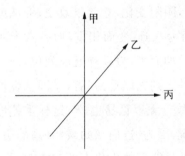

元气、时间、空间虽然是三元物,但它们的阴阳性是不同的,因为只有气是有质的,而时间、空间是无质的。《墨辩》中说:"知而不以五路,说在久。"①这就是说,时间不是靠人的视觉、听觉、味觉、嗅觉、触觉达成的,而是来自纯粹心知。任何人,包括先天盲人,似

---

① 《墨子·经下》,《二十二子》第257页。

乎天生地都知道有时间。当然这里并不想讨论时间的知识、认识来源问题，而是要说，时间是物性特别的一种单纯物，空间也是。没有三元物，形而下兑现很难成立，很难可能。阴阳气的理论，我们并不陌生，气的阴阳在气的运化变动中，但阴阳绝不是气，因为气是实体，而阴阳是性质。时间是单纯阳性的，空间是单纯阴性的，因为时间永远向前，既不会滞留，也不会回缩、倒退，是一味阳动向前施发的。《易》云"天行健"，时间最能体现天运向前健行的特性，所以时间是简单的纯阳物。而空间能容受一切，最能体现阴性承接的特性，所谓"厚德载物"，因此空间是简单的纯阴物。乾坤两卦的对称与时空的对称是相应的，所以我们常说乾坤最能反映古人的宇宙观。《系辞》说："乾坤成列，而易立乎其中矣，乾坤毁，则无以见易，易不可见，则乾坤或几乎息矣。"①注疏解释说："夫易者，阴阳变化之谓，阴阳变化，立爻以效之，皆从乾坤而来，故乾生三男坤生三女，而为八卦，变而相重，而有六十四卦，三百八十四爻，本之根源，从乾坤而来，故乾坤既成列位，而易道变化，建立乎乾坤之中矣；'乾坤毁则无以见易'者，易即从乾坤而来，乾坤若缺毁，则易道损坏，故云无以见易也。"②这样重乾坤，应该说只反映《周易》系统的情况，因为《连山》《归藏》卦系的历史情况是与此有别的。我们说乾坤最能反映古代人的宇宙观，是从它的典范性说的，并不是说仅仅只这一种情况。反映古人宇宙观的消息很多，这是需要说明的。

　　从阴阳三道(一)以下，我们讲了形而上、形而下，又及于乾坤，

————————

①　王弼、韩康伯注，孔颖达疏：《周易正义·系辞上》，《十三经注疏》上册第82页。
②　同上。

其中的顺序是非常简单的。应该说,前文中所述都是最大体的、大略的内容,它们是华文化的体,只有在具体的用的展开呈示中,我们才能越来越多地明了它的容涵。这就好比毛笔本身十分简单,可说者不多,而毛笔发挥用途起来,可以绘制无尽的画,书写无尽的文字;又好像乐器本身十分简单,却可以奏无尽的音乐。中国的学术人文,其体都是非常简单的,这与古人尚简易的认同有关,所谓"抱一为天下式",所谓"乾以易知,坤以简能,易则易知,简则易从",只有最现成的,才是最本质的。好比小孩指上的翻线游戏,无论多么繁复,其本体都是一根线。所以,在华文化对知识学问的认识态度上,便有这样一组分别:上善者不学而知之,其次学而知之,下者学而难知之。孔子强调的学,是对人的要求,这里所讲的则是对方法的追求。上等的方法,易于知能,"无有师保,如临父母",[1]说的都是这个意思。知识学问的简易性,充分体现在中医上,中医的原理是至简的。初民摸索把握万事的知能方法,通过古《易》得到典型的展现。由此,我们就可以看到历史中华文化高效发达的原因,就是因为相比较之下,华文化最简单,所以效能极高,便于凝结和繁茂生长。纸张较别种材质便利,所以印刷容易早熟,文教开化因以发育;简单的政治较复杂累赘的政治合理,更容易使国家效能提高。这些都因于同样的原理。中夏人文欲长盛不衰,就必须回到保持简易之道,当然,这些已经是从用上去说了,经验教训都在此,唯至简乃可以至繁。老子讲少则得,也是抱守简易的意思。

案《大戴礼记·主言》曰:"曾子曰:敢问不费不劳可以为明

---

① 王弼、韩康伯注,孔颖达疏:《周易正义·系辞下》,《十三经注疏》上册第90页。

乎？孔子愀然扬麋曰：参，女以明主为劳乎？昔者舜左禹而右皋陶，不下席而天下治。夫政之不中，君之过也。政之既中，令之不行，职事者之罪也。明主奚为其劳也！"①曾子虽然鲁钝，但能谨守师说，这大概是他的特点。曾子的疑问，很能代表和反映一般人的思维特点，就是总以为要搞好政治一定要付出沉重的代价，孔子告诉他，事理正与此相反，好的政治都是简单的，只有搞复杂了才会付出重大代价（坏政治），这个意思，也就是垂衣裳而天下治，也就是老子说的以无事取天下，简易之义异常显明。可以注意，这里还有一个重要的学理分别，就是君负责立政（之中否），而臣负责具体职事，这种分别注定了中国历史中宰相制度的发育与成熟，这说明政与事是分开的。施政行政之事是由各级官员具体负责，哪一块出问题就找哪一块质问，这种办法，保证了中国古政治的简单有效。同时也表明，政治的成败有两种分别情况：一是政治的道不好，有问题，造成失败的政治，这是制度、体制方面的；一种是做得不好，即实做方面的问题，因为制度再好，也有待行使。两种情况相互牵扯，互为消长。古人讲道与行（行道、践道、履道等），都是从经验中得来，是很难推翻的。孔子尚简易的政道观是极佳的具体例子，同时也说明孔子要求为政主礼之分的严格、不能僭越。中国历史的教训，就在于它的实际多大程度地接近理论。历史中政既不中，而又职事混乱的情况不可胜数，《易》与历史的关系是经史关系。其实无为就是道为，孔子说"内修七教而上不劳"，本身也是对天子、当政者的限制。曾子问："敢问何谓七教？"孔子回答说："上敬老则下益孝，上顺齿则下益悌，上乐施则下益谅，上亲贤则下择

---

① 王聘珍：《大戴礼记解诂》，北京：中华书局，1983 年版，第 3 页。

友，上好德则下不隐，上恶贪则下耻争，上强果则下廉耻。民皆有别则贞，则正亦不劳矣。此谓七教。"①《周易》说："君子以辨上下，定民志。"②孔子的信念，当然是圣人政治的，只是对经学讲的"人"我们应如何理会呢？很要紧的一点，就是上下这一关键义理，既简单而又具一贯性。这里的上下，显然与形而上、形而下不同，它是具体的人事。我们知道，易卦的上下体，天地人三道，六爻的上下对应，都是直接关乎人事的，是按照人事的取义去设定的。所以中土的思维是上下的思维，人们所认同的也是自上向下的序列，它可以解释直到近代的政治构成与性质。这样，我们就可以得到一个清晰的要点：在阴阳一与形上下之后，考虑乾坤人的义理。这一顺序是整齐严密的，从系辞通论就可以看到。乾坤两卦与天地二象相应，而人的讨论又集中在圣人，人居位天地间，天象地法与人观的对应配合是相称的。由此，《易》的条理就更为明了。

---

① 王聘珍：《大戴礼记解诂》第 3 页。
② 王弼、韩康伯注，孔颖达疏：《周易正义·履卦》，《十三经注疏》上册第 27 页。

乾 坤 人

　　法象莫大乎天地，变通莫大乎四时，悬象著明莫大乎日、月，崇高莫大乎富贵，备物致用，立成器以为天下利，莫大乎圣人，探赜索隐，钩深致远，以定天下之吉凶，成天下之亹亹者，莫大乎著龟。①

　　圣人是古代学说中最关键的义理，是典型的上位。韩康伯解释说："位所以一天下之动而济万物。"②很明显，易位学说与德位理论是相通的，只要我们对六十四卦中的时位内容有一些直感的接触，就不难看到其中德位思想的原始表达。得位是古人的愿望和理想，因此历史政治为了应合人的意愿而预留机会，反映到制度上就是必然的，比如推举制度和科举制度等，都是必须要产生和发育成熟的，所以《周易》的人极观是我们要前后连贯观察的。孔疏说："以王者居九五富贵之位，力能齐一天下之动而道济万物，是崇高之极，故云莫大乎富贵。"③这是典型的以人为极的表达。顺带

①　王弼、韩康伯注，孔颖达疏：《周易正义·系辞上》，《十三经注疏》上册第82页。
②　同上。
③　同上。

说明,我们在讨论中经常借助孔颖达疏,会不会影响对《易》的原始性的考察呢? 显然不会,因为依理究之,孔氏疏本身是抉择前代各家之说约定下来的、我们今天必须参考的最基本的文献。另外,注疏所讲说的,只是对原始内容的精致化,并非妄造改编可比;而且一旦有距离出入,我们也能够很快觉察出来,比如前文讲过的以虚无解《易》。应该知道,《周易》的基本是非常简单的,只要把握了简单的中枢,我们就不可能迷失观察的尺度。

"法象莫大乎天地"以下的论述,最明显的就是天人对应。除去宇宙天象的经验,就是圣人经理天下的内容。天地是范围最大的一对法象,月亮反射太阳光,白天黑夜的分别,有利于地球万物的生长。但四季虽然是一般的经验,却并不是绝对的,因为有些地方只有旱季、雨季的区分,所以古人把握自然世界的习惯是经验的和情况的。关于卜筮,其原始动机显然导源于人心的安全感与得失欲,这些孔疏也讲得十分清楚,所谓趋吉避凶,首先也是为了求得人生的安稳、有利。但易卦显示给我们的,却有一个两分法,必须明了。就是卦爻系统本身和具体得到哪一卦爻的占法。我们知道《易》的学理系统都装在卦爻系统中,而这与算卦活动本身随着历史已有所分离了。如果说卦始终不能取得必然一定之理的地位,而仅仅是人为设定的话,那么卦爻系统本身所透出的阴阳顺逆之理,却是平稳恒定的。这也就是说,如果把握了简单的《易》思维体例,我们就可以直接进入心算、心运的操作、思考,即用阴阳去分析事理,原始遗留下来的具体卦就不一定要使用了。这就是从《易》的原理去对待、处理,而唯一稳定的,也就是易理。把握事物的深远隐微,是古代人自然会有的意向,但是随着人文的成熟,神秘会被道理取代,这是人文演进的自然理路,《周易》理数的两分,很明显上古就完成了。

关于圣人用利天下之事,也许这一段记录最为典范集中。《系辞》云:

> 古者包犠氏之王天下也……作结绳而为罔罟,以佃以渔,盖取诸离;包犠氏没,神农氏作,斫木为耜,揉木为耒,耒耨之利,以教天下,盖取诸益;日中为市,致天下之民,聚天下之货,交易而退,各得其所,盖取诸噬嗑;神农氏没,黄帝尧舜氏作,通其变,使民不倦,神而化之,使民宜之,易穷则变,变则通,通则久,是以自天祐之,吉无不利,黄帝尧舜垂衣裳而天下治,盖取诸乾坤;刳木为舟,剡木为楫,舟楫之利,以济不通,致远以利天下,盖取诸涣;服牛乘马,引重致远,以利天下,盖取诸随;重门击柝,以待暴客,盖取诸豫;断木为杵,掘地为臼,臼杵之利,万民以济,盖取诸小过;弦木为弧,剡木为矢,弧矢之利,以威天下,盖取诸睽;上古穴居而野处,后世圣人易之以宫室,上栋下宇,以待风雨,盖取诸大壮;古之葬者,厚衣之以薪,葬之中野,不封不树,丧期无数,后世圣人易之以棺椁,盖取诸大过;上古结绳而治,后世圣人易之以书契,百官以治,万民以察,盖取诸夬。[1]

从这里面我们可以看到一个备物致用的序列:渔业渔猎、农业农垦、商业交易、政教制度、水陆交通、守备防护、技术工艺、兵器

---

[1] 王弼、韩康伯注,孔颖达疏:《周易正义·系辞下》,《十三经注疏》上册第86—87页。

军备、建筑、礼制、文教以及丧葬、书籍文字等等，文明开化有一个非常清晰的过程，而这一过程与卦始终系在一起。从卦的符号性来说，这个人文过程也就是可以用符号标示的，即：

☰→☷→☶→☲ ☵→☳→☴→☶→☱→☳→☶

诸卦所显示的，就是一部人文史，我们将其符号化，也就是写人文衍生象。根据易卦自然、人事两面的涵义，一切人文事象都可以这样用卦符去标示，《系辞》中已经十分典范地开列了例子。说到这里，我们不能不导引出一个重要的问题，即"瓷器原理"。通常，人们对中国的历史人文总是充满困惑与费解，即一方面不能不看到它的发达实力，另一方面又在在感到它与原始性相接。比如文字，与古代图像文形有何血脉关联；或者，在它的戏剧表演方式、化妆上（戏曲）与古代神舞有何关系渊源。诸如此类，弥漫于我们的生活周围。可以说，从任何一种现象中，透露出来的都是地道的全息性，即原始连绵性，这也就是瓷器原理所要解释的。我们知道，任何一个人类群体，都自发地烧制出了陶器，供自己日用之需。但是，由此进一步烧制出瓷器的只有中国。虽然近代以来，各国也都制出了自己的瓷器，但是仍然以中国的瓷文化学最典范，所以瓷是中国的"国物"。无论陶器抑或瓷器，它们都属于土器，这一点与玻璃器是有区别的。从文物考古的材料看，商代已有了白陶，是瓷器的前身，而新近出土的两千五百年前的原始瓷钟磬，更是珍贵的说明。它表明瓷文化始原得比人们想象的要早得多，器物釉质发亮，洁白如新，现在人们用玻璃、瓷等材质造乐器，而这种活动上古已经有了。因此，这件事体说明了一条道理，即华文化是一步到位型的，该有的很早就有了，剩下的只是精致过程。瓷器的发育可能与玉文化有关,比如经学中讲玉德,如敦厚仁和等,精细的瓷器很完美地表达了这些意向,比如做到半透明的瓷器,表面洁白、光滑滋润,水倒进去有一种鱼龙波光、异常美幻的效果。这说明,陶器到瓷器,由近而远,土器可以发育到相当精致烂熟的程度。那么,同理推之,任何一种人文原始,只要不断由近而远连绵生长下去,都可以达到至高的程度。所不同者,大多数民族进展到陶器就停止了,接下去,它们换成了玻璃器皿,而只有中国进而进展到了瓷器,然后加进了玻璃器,但无论如何,瓷器作为土器,与陶器等原始性有着直呈表面的联系轨迹。也正是从这种人文原始连绵性来说,华文化是最重现成的,因为它是以现成为基,由于最早的现成就是原始,现成就是不放弃,所以华文化不可能不是连续绵延的。这样,当我们以后在学术中再遇到原始、发展矛盾律的时候,我们就要想一想瓷器原理:中国的社会是瓷器社会,中国的历史是瓷器历史,中国的人文是瓷器人文,中国的学术是瓷器学术、中国的文艺是瓷器文艺……一切都是全息的。我们在各种对困惑费解问题的答复中,用瓷器原理都可以很容易地得到自圆的解释。说到这里,就不能不指明,原始性本身在中国论衡中已失去了意义,因为瓷器原理,丢掉原始性的人文是不可靠的,历史连续含量一经损失,人文便不值钱,原始要终,没有正始的人文是不能最终由近推远的。另外,从方法上来说,我们不能用人类学的方法治古代经史,因为人类学的方法是经验的和具体的,要以实地考察为基础,更重要者,是人类学方法是治陶器的方法,治瓷器不灵。近人章太炎用人类学方法治国故便是个错误,现代人类学的流行,多是因为它的"可文学性",这是尤其要注意的,想象虽然可爱,但是并不可信。综合前述,我们可以看到一个清晰的序列,从阴阳一,到形上下,到乾坤人,再到以后的各个卦爻义,内中始终是有一个统贯的,并且在治《易》的方法上也十分明确,就是要尊重传统家法,注重义理本身的通顺。

系辞通论有两个重心,一是对《易》本身的解说,一是对人道的侧重,两者是密合的,所谓二五之精,其要都在于人道。《系辞》云:"六爻之动,三极之道也。是故,君子所居而安者,《易》之序也,所乐而玩者,爻之辞也,是故,君子居则观其象而玩其辞,动则观其变而玩其占,是以'自天祐之,吉无不利。'"①注疏解释说:"三极,三材也";"是天地人三才至极之道"。② 那么,天极、地极、人极是对应配合的。此处有一个两分,就是观卦本身是单纯义理的,与占卦有别,后者是逆向测算,得到一个什么卦。所以从卦里面我们可以感受人文中最早期的对利的念头,毕竟义利之辩是古人考虑的一个核心问题。《系辞》云:"天地之大德曰生,圣人之大宝曰位,何以守位曰仁,何以聚人曰财,理财正辞,禁民为非曰义。"③鲜明地表达了德位思想,这种思想是贯穿历史的基本。圣人法天地而为事业,所以产生修齐治平这样的目标是极自然的。天地生养万物,而万物都为人所用,荀子讲"万物同宇而异体,无宜而有用为人"就是这个意思。④ 因此,人既然控制万物,就必然要面对物性和谐的问题,这便是《齐物论》自然物理一方面的基础。即使从文面所陈之义我们也可以看到,仁、义、财三者实际上说出了国家存续的根本,就在于物质财用、开明与刑法管理。没有物质财富,人类没有基

---

① 王弼、韩康伯注,孔颖达疏:《周易正义·系辞上》,《十三经注疏》上册第77页。
② 同上。
③ 王弼、韩康伯注,孔颖达疏:《周易正义·系辞下》,《十三经注疏》上册第86页。
④ 《荀子·富国》,《二十二子》第307页。

础，没有刑法约束，社会不能治安。这充分说明了中国治国思路的简单性。这些义理已经简单到经验底限，没有丝毫赘说的余地，但是历史中要实做到这些却相当困难。中国的历史社会是地道的世俗社会，因此世俗社会的一切简单性它都不缺少，实做的成败、效果，极度地取决于当位者的导向，因此位的理论是不可动摇的。刑治曰义，但义不仅限于刑治，《墨辩》中所说的"义，利也"①虽然只简约的三个字，但是中国历史学中的所有关于义利的思想，却都不能够脱出这一个命义的范围。社会的安定治理，基本上都系之于刑这一块，尤其是当我们有了现代社会这一个参照系以后，这一点会变得更为明白。仁道的实质就是开明，而关于开明，政治学上的讨论却并不简单。可以看到，古人的文体不是讨论体的，而是论断体的，因此往往有一个连环结构，这些连环基于经验，都有可靠的历史的基础，是不可乱解的。

系辞通论中说：

> 《易》之为书也，广大悉备，有天道焉，有人道焉，有地道焉，兼三材而两之，故六，六者非它也，三材之道也。道有变动，故曰爻；爻有等，故曰物；物相杂，故曰文；文不当，故吉凶生焉。《易》之兴也，其当殷之末世，周之盛德邪？当文王与纣之事邪？是故其辞危。危者使平，易者使倾，其道甚大，百物不废，惧以终始，其要无咎，此之谓《易》之道也。②

---

① 《墨子·经上》，《二十二子》第256页。
② 王弼、韩康伯注，孔颖达疏：《周易正义·系辞下》，《十三经注疏》上册第90页。

　　最值得注意的是，此处明说《周易》的兴起与文王有关，中国的历史特性是最重说法上的因承的，如果是这样，即文王与《周易》确有固定的联结关系，那么《周易》的内容（辞）规定上就更为具体了。甚至我们可以作这样一个推设：后人追谥文王，会不会与文王深通阴阳易理也有关系呢？因为文是《易》之关键义理，文王能够存身，一定与他对阴阳变通的把握造诣相关。古代王者精于占筮并不奇怪。比如需卦上六云："入于穴，有不速之客三人来，敬之终吉。"①我们知道，文王被囚羑里，纣王对他不放心，肯定会派人去监视窥探，这是很自然的。进了人家的巢穴，当然只能是随顺以求自存了。从这一贴合的例子可以看到，即便我们不能肯定地说现在留下的《周易》经典就是文王所作，但大致可以认定，里面肯定包含了许多当年文王遭遇际遇的信息，尽管不能武断说具体到每一爻都如此，这是我们要警觉的，因为疑古的理路经过历史操作证明不大适合于中国的古代人文之考察。

　　从上引文字中可以看到一点，就是忧危意识是《周易》的核心精神，同时也造成了华文化的特殊精神素质，所谓惧以终始，《易》之道也。因为只有夕惕若厉，才能终无咎也，无咎即《易》之要。由此可知，行健自强不息，就包含在危惧上的健行不息。也只有危惧才是真正的自强之道，历史中的很多实例，无论国家或个人，都生动地验明了这一点，兵法中有精辟的阐述。但是有一点，《易》为忧患之书，文王实忧患之人，那么忧患在学问要求上是可取的吗？抑或忧患只是具有实效的事功精神呢？因为《大学》中说过："所谓修身在正其心者，身有所忿懥，则不得其正；有

－－－－－－－－－－

① 　王弼、韩康伯注，孔颖达疏：《周易正义·需卦》，《十三经注疏》上册第24页。

所恐惧，则不得其正；有所好乐，则不得其正；有所忧患，则不得其正。心不在焉，视而不见，听而不闻，食而不知其味。此谓修身在正其心。"①心为身之本，所以修身之本也就在于正心，或者我们可以对两者作一种近义或同义的认取。关键是，理与情绪在这里作了截然的切分，理是中性的、没有生命的。因此，如果人心涉于忧患，那么与正心就相违了，由此，忧患之书，忧患思想，是否就是非正心的呢？必然的，凡涉于忧患者，一定会或多或少地去正心一段距离，这是我们在观《易》时必须估计到的情况，因为经典的义理是打通的，所以我们不可能去做不明智的调和化处理。像明末王夫之的学说与思想，因于忧患之世，所以去正便远，但我们不能不承认那是历史中重要的思想，这种情况在人文史中是随处可见的。

易书广大悉备，说明前人易之三义的给定是可靠的，变易与不易二义都是关于变动本身的，而简易一义着重人的把握。正因为宇宙万物是变动的，而变是最无穷尽的，所以人要把握住变，不能不用至简有效之道。这样，易之三义就对比鲜明地统一为一体，从中我们可以感受到古人把握控制一切的意图和方式。并且，如果有耐心试验，我们就会看到，很难再拟构出一个比易卦系统更自圆周到的方案，尽管从数理上我们总感觉到它的人为痕迹太重，这可能与易卦占有了最现成的事物大体有关。只要通观《系辞》中关于天地事物的大致情况的描述，我们就能看到某种性质，如云"鼓之以雷霆，润之以风雨，日月运行，一寒一暑"；"法象莫大乎天地，变通莫大乎四时，悬象著明莫大乎日月"；"天地之道，贞观者也，日月

---

① 郑玄注，孔颖达疏：《礼记正义·大学》，《十三经注疏》下册第 1674 页。

之道,贞明者也,天下之动,贞夫一者也";"日往则月来,月往则日来,日月相推而明生焉,寒往则暑来,暑往则寒来,寒暑相推而岁成焉";"天地絪缊,万物化醇,男女构精,万物化生";等等,无不是从最宏观处成说的。这说明什么呢? 这说明华文化的思维是大而化之的思维。老子说过:天网恢恢,疏而不失。华文化正是大而化之、疏而不失的人文系统。这绝不等于说它没有或缺少精微,而是从大处指明它的禀性。因为唯其大而化之,才真正疏而不漏,而密不容针反而会一得百失,这两种把握方式性格上是适成南北的。孔疏常引《老子》说解经典,这是比宋人可靠的地方,此处不及细说。由此,大而化之不同于笼统,也就是显而易见的了。因此,从名学上论之,各个语词,只有当它们由近推远以后,其不可通用这一点才明显地被人看出来。由此可见,万物之异才是绝对的,而同只是某种限度。名言之同异如此,人文之同异益然。所以无千无万的方法,都以正别同异方法为宗,这是前人留给我们的经验,是不可能超脱的法则,无论怎样试验。学术在过去的教训,非常能说明这一点。

有一点是须注意的,就是《周易》卦系与上古人文的统绪会不会有关系。因为我们知道夏殷两代的卦爻系统与《周易》是很有不同的,殷人的卦系不首乾而首坤,无论序卦作何理论解释,但现实中华文化是重统极、正统的,只不过人文早期的做法可能原始一些,但根本上总是一样或者连贯的。像后世改元改朔等行为,与古人重正始都是要联观的。既然殷之卦系与周不同,那么早期人文中卦系本身会不会直接就是统绪的表示和标志呢? 这些推设都是我们应该考虑的。另外,如果文王囚于羑里而问《易》的话,直接的占卜无论如何会引起商纣的多疑,因此文王玩《易》的活动本身也不能想象得过于简单,所以文王既然是精于阴阳之变易运化者,那么心算与心运这一层就绝不能排除。我们在艮卦中看到,"艮其背不获其身,行其庭不见其人",这种景象,极像纣王派人暗中监视文王的情形。文王在明处,见不到暗处潜藏的人,唯一所能行的就是止道,即保持平稳沉静不动声色,所谓括囊无咎之道即在于此。阴柔存身之道,《周易》卦爻中比比皆是,我们不可能武断地认定它们与当年文王没有关系。文王的成功可能就在于坚持,羑里被囚七年而最后放归就是极好的说明。所以首乾卦行健之义,周代殷而兴起,与周人的性质自然有关系。当然,这些都是推论,主要是《周易》首乾坤的卦爻系统可能与人文改统有关,因为系辞通论中既然结合卦系与人文史一起讲,那么序卦中含有统绪因素的可能便不能排除了。像秦朝以十月为岁首,历法都是可以动的,正始之意确是渊源久远。只是须说明,此处仅提供某种参考推论,并不敢作出定论,思考毕竟是首位的。

《系辞》说:"圣人设卦观象,系辞焉而明吉凶,刚柔相推而生变化。是故,吉凶者,失得之象也;悔吝者,忧虞之象也;变化者,进退之象也;刚柔者,昼夜之象也。"[1]这里最明显的就是其连环性,尤其是设卦、系辞、推变三者,实际上都应该是观象而来。观自然之象,观人事之象,天象、地法、人观,诸如此类,我们应特别留意《易》中的二、三结构。关于推变,孔疏解释说:"八纯之卦,卦之与爻,其象既定,变化犹少。若刚柔二气相推,阴爻阳爻交变,分为六十四卦,有三百八十四爻,委曲变化,事非一体,是而生变化也。"[2]吉凶

---

① 王弼、韩康伯注,孔颖达疏:《周易正义·系辞上》,《十三经注疏》上册第76页。
② 同上。

者存乎人事也,变化者存乎运行也,可见吉凶都是由人造成的,自然运化虽有灾祥,但相对人事上的险恶,显然是次一等的。古人的认识很清楚,这种态度说明忧虞得失都是系于人事的。经解是说失得积渐成著乃为吉凶,由此可见吉凶与得失有轻重之别,坤卦履霜之义是泛在的。自然物象,如昼夜日月等类,相对比较单纯,而人事之象虽然如物理之象一样分阴阳变化,但阴阳中显然是随处分轻重之别的,像得失、忧虞、吉凶、悔吝等等,很明显可以看出有一个程度层次的划分,它们的具体展现在每一个卦爻中,《系辞》中的通说仍然是大而化之的。可以肯定一点,即无论具体的自然物理抑或人事怎样有轻重变化和分别,实际上都不能脱出阴阳这一框定,虽然系辞通论说"神无方而《易》无体",实则《易》是有方的,《易》之方就是阴阳,无论如何神,很难脱出阴阳之方。关于方,《墨辩》中有直感的例子,说大圆之圆与小圆之圆同,方至尺不至也。这就是说,大圆与小圆虽然在尺度上相异,但作为圆是一样的。因此,所谓方,就是类的提炼。阴阳正是这样的归结,无论得失悔吝吉凶本身在轻重程度有如何的分别、变化,但都为阴阳却是如一的。至于神无方《易》无体之说,是要表达万事万物运变奇妙难测之意,并非是说无可把捉,否则要阴阳一做什么呢?因此,从这里也可以看到,华文化是重妙的文化,妙作为一个核心中枢,不仅是体会,也是认同。诸如日用生活中的武术,便是一味求妙的,太极拳之阴阳运变,尤为人文实例之典型。正因为华文化是阴阳型的,所以才能导引出太极拳,别的人文无有,说明它们还没有阴阳型化,因此性质就是现实。

《系辞》云:

精气为物，游魂为变，是故知鬼神之情状。与天地相似，故不违；知周乎万物而道济天下，故不过；旁行而不流，乐天知命，故不忧；安土敦乎仁，故能爱。范围天地之化而不过，曲成万物而不遗，通乎昼夜之道而知，故神无方而《易》无体。一阴一阳之谓道，继之者善也，成之者性也，仁者见之谓之仁，知者见之谓之知，百姓日用而不知，故君子之道鲜矣。①

　　从这里的顺序就可以看到，无方无体之不测都结成在阴阳。但是阴阳妙道虽然就在日用之间，真正体认到它的人却很微少，这是因为常人的性质都是偏于某一边的，所以总是滞于所见，理会认识也就有限了。所以这段文字说出了一条很重要的事实，就是通贯阴阳之理的人绝无仅有，也就是说人们没有认识到简单这一宇宙本质，因为事物不可能是不简单的，日用不知充分说明了这一点。老子曾说过：人之迷，其日固久。老子所讲过的道理，对理解《易》具有很难比拟的辅助作用，我们今天看到的《老子》是一篇综述，由此便可知里面的思想应该是当时的群性认识，而非个人创见。群性共识当然是从非个人专利这一点去说的，并不是指每个人都达到了这种见识。先秦思想，纯系个人创作的少，但体现各人理解（借以表达观点）的多。知周万物等论述透露了古人对待事物的态度，即人与物的伦理关系，显然待物之道与人对万物的显微情况的了解是对称的，完全可以看出，物性和谐、齐物论等学说与《易》并没有扞格，理路上是相通的。以安土敦仁来说，我们可以参

---

　　① 王弼、韩康伯注，孔颖达疏：《周易正义·系辞上》，《十三经注疏》上册第77—78页。

看《说卦》中的一节论述："昔者圣人之作《易》也，将以顺性命之理。是以立天之道，曰阴与阳，立地之道，曰柔与刚，立人之道，曰仁与义。兼三才而两之，故《易》六画而成卦；分阴分阳，迭用柔刚，故《易》六位而成章。"①

我们知道，《齐物论》中有天籁、地籁和人籁。天地人是一组固定搭配，因此，天道阴阳实际上把地道刚柔与人道仁义包于其中。刚柔的认识配合地道说便是指自然物理的，比如物之三态，便有刚柔之分，天体的密度与引力，也是有刚柔之别的。但这些仍然是大而化之的分划。重要的是关于人道的归说，只限定在仁义两边，这种态度显然也是中土特色的。它使我们很快意识到，历史中的儒与法始终并行，未使不是这一人道的导引延伸。历来学人常常对历史中的人与事作儒、法的争论，这是可行的吗？因为我们知道，偏阴偏阳的事物是极少见的，所以历史中无论人抑或事，偏儒偏法的情况也不大可能，因此儒道与法道，相比较尽管可以作仁与义的粗分，而事实却是很难彻底断开，因此，历史中的各家与道术，其间存在着一个轻重模棱的过渡问题，这些具体的人事阴阳，已化为活生生的政治史了，而我们必须进而追问的是什么呢？就是：仁与义仅仅两边的粗分、归结，是否就是终极的归结呢？也许人类人文确实超不出仁与义二分，正如孔疏说的："天地既立，人生其间，立人之道有二种之性，曰爱惠之仁与断割之义也。"②明于易道，我们就知道人文中哪些争论是有结果的，而哪些是不得法的。从刑教政治来说，像法家、儒道这些东西也常常缘于某种标榜，去其学理

---

① 王弼、韩康伯注，孔颖达疏：《周易正义·说卦》，《十三经注疏》上册第93—94页。

② 王弼、韩康伯注，孔颖达疏：《周易正义·说卦》，《十三经注疏》上册第94页。

本体都有相当距离,所以约定的不一定是可靠的论见。

为了避免论述的散漫,我们不妨把问题收摄一下,系辞通论中关于人、人道的内容是我们关注的中心,其中有大量的结合具体某一爻的辞讲说的义理,这说明玩其辞的活动是实在的,《系辞》为我们提供了大量的范例,这与引述《诗》来论说义理是一样的。因此,对这些部分我们将留到以后讨论卦爻义的时候再进行展开,现在暂不赘说。应该说,系辞通论中关于人道的论说与对《易》的解说是胶着在一起的,很难机械地分开,对《易》的诠说以后我们还会谈到。至于人道,只要知道它的圣人统极这一内核,便能有效地把握其要点。

天地人三道,虽然是纯卦赖以建立的基础,但在诸卦中最直接体现天地之义的却是乾坤两卦。关于乾坤,系辞通论中有一些直接的论断,我们不妨看一看。《系辞》说:

> 天尊地卑,乾坤定矣。

> 乾道成男,坤道成女。乾知大始,坤作成物。乾以易知,坤以简能。[1]

> 成象之谓乾,效法之谓坤。

> 夫乾,其静也专,其动也直,是以大生焉。夫坤,其静也

---

[1] 王弼、韩康伯注,孔颖达疏:《周易正义·系辞上》,《十三经注疏》上册第75—76页。

翕，其动也辟，是以广生焉。①

是故，阖户谓之坤，辟户谓之乾，一阖一辟谓之变。

乾坤其《易》之缊邪，乾坤成列，而《易》立乎其中矣，乾坤毁，则无以见《易》，《易》不可见，则乾坤或几乎息矣。②

夫乾确然，示人易矣。夫坤隤然，示人简矣。③

黄帝尧舜垂衣裳而天下治，盖取诸乾坤。④

子曰：乾坤其《易》之门邪？ 乾，阳物也；坤，阴物也。阴阳合德，而刚柔有体。⑤

夫乾，天下之至健也，德行恒易以知险。夫坤，天下之至顺也，德行恒简以知阻。⑥

一目了然，乾坤总是相对待而说，其核心就是知能简易观点，

　　① 王弼、韩康伯注，孔颖达疏：《周易正义·系辞上》，《十三经注疏》上册第78—79页。
　　② 王弼、韩康伯注，孔颖达疏：《周易正义·系辞上》，《十三经注疏》上册第82页。
　　③ 王弼、韩康伯注，孔颖达疏：《周易正义·系辞下》，《十三经注疏》上册第86页。
　　④ 王弼、韩康伯注，孔颖达疏：《周易正义·系辞下》，《十三经注疏》上册第87页。
　　⑤ 王弼、韩康伯注，孔颖达疏：《周易正义·系辞下》，《十三经注疏》上册第89页。
　　⑥ 王弼、韩康伯注，孔颖达疏：《周易正义·系辞下》，《十三经注疏》上册第90—91页。

由此我们也就可以知道，对于易学是谈不到造诣的，因为它是如此地简单，以至于对任何人都是一样没有多说的余地，仅只是要看各人的用功会有怎样的不同和差别。《易》，仅仅是作为人文统体的一个公设起点，就看人具体地将它扩充、推用到多远。所以，对历代与《易》相关的文献，无论多么离奇发挥的，在易简的统一审视下，都会变得平白而连贯，这是可以经验并实证的。简言之，各种悬殊（包括文、野、雅、俗等等），都是现象上的悬殊、用的悬殊，体总是一贯的，易于解释的。至于有一天我们可能如何惊奇为什么初民单单就把握、抓住了这个（不放），那则是另一件事了，因为历史生活中简单得令人费解的事是很多的。这样，我们就可以看到，《易》本身就是一个剥卦，它把变易本身经过不断地剥落，最后剩下一个剥不掉的一，所谓"贞夫一者也"，所谓阴阳简易，等等。因此，我们以后的陈说，本质上将都是一种直观例子意义上的陈说，这是不得不然的，因为事实如此。也就是说，上古人文给我们留下的多系朴状的框架，比如易留给我们阴阳一，《尚书》留给我们一些早期政典，等等，但是以后的人文，无论走出多远，也只是射线的延伸，只是精致化的疏分。易学既然是一门没有造诣，而只有功夫的学问，那么我们就更利于理解华文化中的知行了。《易》既然以知能为核心，那么从能一方面说便有体用的问题，阴阳体用在各门学问中都有鲜活的例子，比如《孙子兵法·势篇》说："声不过五，五声之变不可胜听也；色不过五，五色之变不可胜观也；味不过五，五味之变不可胜尝也；战执不过奇正，奇正之变不可胜穷也。奇正相生，如循环之无端，孰能穷之？"①由此也可以说，阴阳之变不可胜易

① 《孙子兵法·势篇》，《二十二子》第420页。

也,不可胜用也,不可胜穷也,所以阴阳这一简单总结,与古代人的运用企向相关,正因为一切都是循环的,所以才会有阴阳变用的总结,兵学中的奇正不过是一项具体的阴阳。从五声五色等出举可以知道,变虽然是无穷的,但变的基元却是有限的,由此我们大概可以窥见阴阳在思维中的来源,只不过阴阳是比五声、五味、奇正等更基元的提炼罢了。

必须承认,尊卑是人文的基则,因为人文必须建立一套运转规则,尤其是大陆人文更是如此,否则将很难脱离散漫的原生态,这是从势上面来说。但尊卑贵贱无论是否与事实相合,它都是人的认识,而不是单纯的知识,因为知识的基本特点是不由人制定性这一规定,而认识却是包含模棱性的,具有人为制定性的。比如说一加一等于二,这就只能是属于知识的(对象),因为数的固定关系是不会随人而转移的;但是贵贱这样的内容对象却很有争议性,是模棱的。大致看上去,贵贱似乎也是事物的实情,比如说铁确实天然地较黄金贱,但仔细推究起来,又会发现这是人为的一种制定和约定,只是因为铁较黄金多,所以才更贱一些,这里面包含着量的轻重,而且都是围绕人的用这一核心的。至于单纯物理上的金与铁,不过是两种不同的物质,它们在价值比较上很难有一个确凿的定论。至于人较万物为贵,则更是人的自认了,因此这一类的认取我们说都是认识,而不是知识。知识与认识是中夏人文重要的分界,后面我们还要说到。最重要的当然是知能问题,在知的理会上,就有认识与知识这两层内容,它们同属于知,知显然是一个统称。而能便是《易》的直接意图,把握《易》显然就是为了多能,像老子讲抱一为天下式,孔子说吾道一以贯之,都是通过御简而致多能的极好例子。由此我们也可以感受到华文化的现成专注。孔疏解释说:

"用使圣人俱行易简,法无为之化。"①知能简易既然是《易》的核心,那么我们也就能够很轻易地将阴阳一、形上下等与之贯穿起来了。关于"乾道成男、坤道成女"一说,事实是乾坤当然不止限于男女一事,在《说卦》中罗列了八元卦的很多相对应物类,这说明像男女天地等只是一些大小不同的象类。乾坤是古人提炼出来的一,而各个象类却是殊,这种关系就是孔疏在体用解释中讲的,象类是可以无穷的,但是统摄的一(比如八纯卦)却只能是一定的。因此一殊思维在古代就是一步到位一贯的,至于后来宋人怎样来作更精致的加工则不能理会为是发明。这也就是三十辐共一毂的意思,以后我们会谈到。尤其应该说明的是,在古人的观见里,事物是有一个队列的,这是形象地说,就好像依序排队,越显见易见的越排在前头。或者反过来说更合适,越排在前头易于显示于人的越本质。这就是简单公理。比如天地最易见,所以天地最本质、最宏观。由此,据远近之道,由近而远地推,就能够从广大推到精微,从头排推到后排,这个队列我们可以设想它是无尽的。那么,男女是一下就可以显见的,所以男女很本质。但男女并不浅薄浮泛,大而化之地说男女,后面的排队便都包在其中,绝不能脱出。好比富铁矿,黑乎乎的铁直接裸露在外面,基本上直接就是铁了,我们可以把这铁看作此铁矿的本质或实质。世界的本质,都是直截裸呈在外面的,所以最表皮的最本质,最简单的最深奥,最大而化之的最微妙,最平淡的最神奇,这就是古人的认识性格。所以华文化中充盈着"大……不……""至……无……"等内容(大象无形、至人无名……),也就不奇怪了。由此,无极而太极也就不难理解,有终极

①　王弼、韩康伯注,孔颖达疏:《周易正义·系辞上》,《十三经注疏》上册第76页。

就不是华文化认同的极，只有没有极，才是太极，所以说无极而太极，文面并无多少余义。这就如说，道可道非常道，名可名非常名，所以极可极非常极。民间说大钱无钱、大富不富，也是这样套出来的。百姓日用而不知，很能说明常人对无极认识的困难。

孔颖达说："以乾是天阳之气，万物皆始在于气，故云知其大始也……坤是地阴之形，坤能造作以成物也，初始无形，未有营作，故但云知也，已成之物，事可营为，故云作也。"①孔氏云"道谓自然而生"，②自然虽然可以作为生成学说大而化之的解释，但它不负责具体细节的回答。很明显，气也是大而化之解答的，但它是传统的说法，而且有广泛的效用。地球是元气阴性凝结而成的，就像水凝结成冰的模式，所以坤自始就是阴性的，这一点完全是从经验常识得来。地球上的万物之所以能够成就，都缘于对地性的某种转化，这才是"坤作成物"的真正可能的解释。因为恒星（比如太阳）只有核反应，它是最单纯物理变化的，只有地球的条件才能成就化学反应，所以从这里也可以看到化学反应乃是宇宙物性变化所可能有的最高形态，生物有机体尤其是不可能超过的形态，这是可以简单概率推算的。像大便，虽然我们觉得脏臭，但它所包含的物性变化却是宇宙中最复杂的一种，因为它要建立在生命体这一条件级阶上。恒星本身不可能提供有机体存在的条件，所以大便还处在变化金字塔的上层。但是常人的思维，总认为大便是最底层的事物，没有任何一门古典学说会真正考虑并认真对待大便的问题。比如玄学认为神是至上的，可见尊卑贵贱是一种人为性，它只属于人的

---

① 王弼、韩康伯注，孔颖达疏：《周易正义·系辞上》，《十三经注疏》上册第76页。
② 同上。

认识,而认识是多端的,在物理之学中形态高的并不一定被给予人事上的高度。但是也有一种情况,就是历史中理学家曾制作了许多图表,其中就有把厕所列入的,这表达了理学家该物不遗的认识(见《性理大全》),从这些我们也可以感受到无极的内涵。

从人性的初始来说,总是企向最高、最抽空的至上,但是在各方面都成熟而心态老化以后,比如华文化,就会回到周边的事物,所以人文心态史也是需要关注的领域。易学在历史中的变动算是很好的例子。直白地说,事实是眼下的就是最好(至极)的,我们很难再拟构出比地球物情更高的结构和格局,这就是简单原理。物理是会饱和的,更多的只是重复,人类生活也是如此,它只有一个七巧板式的可能形态进行拼排。我们在后面将要谈到的取象命义诸事中,会看到人事与物理的深切关系。《系辞》说"成象之谓乾,效法之谓坤",显然乾坤所代表的就是法象,在天成象,在地成法,所以会有这样的对称立说。其实事物都是作为法象来规定的,法象是比事物更专门的称谓。乾是主专一发动的,所以天行健之义属乾卦。而坤是翕敛闭藏的,事物的生成,都是一定形质的凝结,从翕辟、辟阖的相对待立说中我们可以得到很多根本的解释。这就好比门户的开关、左右进出一样,事物的生成、来到这个形而下世界,或者消亡回到那一形而上世界,就如开门闭户的进出一样,是没有停止的,所以变易就包含在"已,成,亡"这样简单的归结中。从穷变通久、乾坤往来,以及接说形上下的上下文连贯来看,都说明了这一点。如果比照"至大无外谓之大一,至小无内谓之小一"这样的论题,[1]就更能清晰彻底地明白什么是一阖一辟。比如说恒星的外向发动、燃烧,显然是大一

---

[1]　《庄子·天下》,《二十二子》第86页。

这一边的,太阳在宇宙中是很小的恒星,有许多恒星是太阳的许多倍,但真正的大一推到最后只能是宇宙本身,因为任何外向发动与膨胀都不可能突破宇宙这一限。关于小一,近代以来的很多论家用微观粒子去加以附会解释,实际上是不对的,因为任何粒子都不可能是最小的,只要它还有具体的大小度。这是一个简单的道理,但我们可以说它们属于小一这一边,小一是内向的一种自我收缩性。所以小一与大一都不是具体的物质,而更像某种趋向。像恒星到一定的时候开始向内塌缩,就是十分明显的收敛关闭,宇宙最终是脱不出一个大阴阳的。有一点我们十分清楚,那就是:《易》既然从天象来广泛地建立起学说及观念系统,就说明《易》的原始实学本质,而不是玄学的;所以我们总好像不能离开天文内容,尽管是大而化之的。至于取象命义,虽然附加了人事性及人为认识,但实学的性质丝毫不因此减低。或者说人事本来就是最实际的。

《系辞》中讲的乾确然示人易,坤隤然示人简,与有为、无为已有很明显的联系。韩康伯说:"确,刚貌也。隤,柔貌也。"①既然阴阳合德、刚柔有体是基本认同,那么有为与无为显然也不是绝对的了,正如前面我们讲过,事与物不可能偏阴偏阳。乾卦是最有为的卦,坤卦是主无为的卦,所以华文化的很多义理,都可以通过最简单的联串与罗列来直观展示,乾坤确实有很直呈的体例性。乾以知险,坤以知阻,这是利害上的总结。顺便说一句,中国古代学说中有一种以利害代道德的倾向,这与华文化非常强调效果是相合的。华文化本性上不是那种很高调的人文,尽管它有很多高调。我们在这里碰到了一个问题,就是老子的无为,与古《易》会不会有

①　王弼、韩康伯注,孔颖达疏:《周易正义·系辞下》,《十三经注疏》上册第86页。

什么关系呢？因为殷《易》是很重坤卦的,道家出于史官,他们的人文视野肯定不止限于近代,那么其学说也可能是法上代而延承下来的。我们知道,周以前的人文总体上似较周以后的人文安静无为,这固然与人文的原生态不无关系,所以上代的变革间隔周期很长,不像后来那样越来越短促,虽然这是人文生态进展的必然。但上古学者认同倡导哪一条道路却不受这些因素影响。"垂衣裳而天下治,盖取诸乾坤",就说明上代以无事取天下的治理可能,所以老子的学说应该是缘于更古的典章的,这是以理推之。

可以很清楚地看到,乾坤两卦虽然是至简的,但就现在留存的经典文本来说,情况却比较特别,尤其是解释申说上较其他各卦为复杂。而且乾卦的情况与坤卦也有参差、差别,比如坤卦各爻后面跟随的象辞直接配合对应解释,而乾卦各爻的解释却包括在《文言》中,并且特别有"子曰"的标志,这种情况与坤卦有别,坤卦《文言》不是这样安排。因此,我们便不能不产生一个推想假设,就是《周易》以乾卦居首这样的序列安排与孔子会不会有很大的关系,因为从"子曰"来看,不能不使人想到乾卦特别附加了孔子的解释痕迹,这种情况在坤卦以下没有见到过,这就又使我们想到那一历代相延的熟悉说法,即《周易》现在看到的情况与文王和孔子有莫大的关系。因为前文我们通过文王与《周易》的关系推设过人文改统的问题,而现在的情况又让我们有了补充的可能,就是今天看到的情况会不会还包含孔子的春秋笔法在内呢？如果是那样,则《周易》的信息明显就是多层的了。因为坤卦《文言》说过,"臣弑其君,子弑其父,非一朝一夕之故,其所由来者渐矣"。[1] 这一主题正是

---

[1]　王弼、韩康伯注,孔颖达疏：《周易正义·坤卦》,《十三经注疏》上册第 19 页。

《春秋》最关切的,可见乾坤与《春秋》确实有着直接的关系,尤其是乾坤与正始之道,比如只有乾坤有《文言》(从文本上来看),这些信息多少能够说明问题。对文王《易》我们缺乏原始的实证感性认识,所以改统的推设有很大的摇摆性,但是透过乾坤卦,古人正统的想法却是比较清楚的。

孔颖达说:"文言者,是夫子第七翼也,以乾坤其《易》之门户邪,其余诸卦及爻皆从乾坤而出,义理深奥,故特作《文言》以开释之。"①孔氏说《文言》是释乾坤二卦之经文,故称文言。乾卦六爻的义理解释,构成乾卦《文言》的第二节。我们要特别注意一点,这也是乾坤两卦特别有的,就是用九与用六,文曰:"用九,见群龙无首,吉";②"用九,天德不可为首也";③"用六,利永贞";"用六,永贞,以大终也"。④ 这里包含着华文化的关键信息,就是乾卦的风险永远比坤卦要大。实际上,"用九,见群龙无首,吉",就是对无极意思的原始表达。只要看一看乾卦的各个爻辞,就能很清晰地看到明显的抑制使用倾向,如"潜龙勿用""夕惕若厉""无咎有悔"等。这都是因为阳卦纯刚,本来就容易亢极的缘故,所以如果所有的阳叠序不断地用之,将是无法节制的,必然会失控。虽然其中的意思十分简单,但很早就看到这一层的人文却极少。无首与无极,两者的格式相同,是一眼就能看出来的,实际上任何一个纯阳都可能亢极,所以用无首吉,与时位的讲究是直接符合的。但是这与天行健的说法是否冲突呢? 显然,永远向前不衰与如何用之是并不矛盾

① 王弼、韩康伯注,孔颖达疏:《周易正义·乾卦》,《十三经注疏》上册第15页。
② 王弼、韩康伯注,孔颖达疏:《周易正义·乾卦》,《十三经注疏》上册第14页。
③ 王弼、韩康伯注,孔颖达疏:《周易正义·乾卦》,《十三经注疏》上册第15页。
④ 王弼、韩康伯注,孔颖达疏:《周易正义·坤卦》,《十三经注疏》上册第18页。

扞格的。龙都是极的形象化,所以用九实包含两层信息:一者是古人不主张用极的态度,二者是古人无极的认识。这两层是合一的,从理势上说也是相互取决。正如孔颖达讲的:"亢阳之至,大而极盛,故曰'亢龙',此自然之象;以人事言之,似圣人有龙德,上居天位,久而亢极,物极则反,故有悔也。纯阳虽极,未至大凶,但有悔吝而已。"①这样就可以知道,无极、极反、不过极等内容配成一套,彼此义理上是连串的,这些基本的东西实际上构成了人文群体的一套思维口诀,就像九九乘法口诀一样,它们被日用俗白地使用着,但百姓是不会追溯它的原始的。所以如果必要,我们以后可以把华文化的思维口诀整理出来列表,这样会更直观。

乾卦明显还是包含了吉祥的意思,因为有些卦上爻亢极是主凶的,乾卦只说有悔,当然包含人为性的愿望。实际上,不可能有比乾卦更具威力、能量的了,因为乾卦象天,没有比宇宙运行更阳亢的。坤卦用六永贞,与乾卦似有一种对比趋向,就是它的过程似乎是柔顺的,而不是阳亢的,但事实却是坤与乾有着同构性,即坤也是健运不息的,只不过坤是表现在不断收缩凝结上,与乾外向施发是反向的罢了。这一点,从初六履霜和上六龙战就可以得到说明,霜凝结成冰会至为坚硬,至于阴极便会阴阳交战,所以坤也不能用极,这与乾卦用无极是相扣的。坤卦讲说的道理,可以在华文化的养身锻炼中得到最常识的说明,比如说道门的内家养生功、太极拳等,最开始是绵软地自然呼吸,而随着年深月久的锻炼,身体会变得坚如铁石(用功时),这与由霜凝结成冰原理是一样的,都是一个阴性的结聚过程。所以,坤卦的义理来源不是玄学的,而是物

---

① 王弼、韩康伯注,孔颖达疏:《周易正义·乾卦》,《十三经注疏》上册第14页。

理法象的,它基于经验常识,加以拎出提取,这方面的例子很多,不止太极拳一项。相对于乾用无首,坤用永贞便与之配出了一个终始之道,这虽然是一种安排,但它以阴阳之理为据,是可以解释的,因为外向施发与内向收敛,前者是不可能有终结的,尽管古人不一定明说,但终始之意在乾坤两卦中却是明显的。《黄帝内经》讲过:"阳予之正,阴为之主。"这很能说明永贞之义,在古代人的认识中是统一的。从贞正一义我们可以看到坤卦中用阳的意思,这正如乾卦中我们看到了阴抑的意思一样,这大概要算阴阳互根的一种表现。关于用九用六,实际上是乾坤卦义的真正核心,对比其他的义理,用九用六是最不能、不可以剥掉的,并且用九用六都说明了不能用极、无极的明白倾向,无论是阴极还是阳极。结合前面我们谈到过的阴阳一,乾坤在用九用六这一核心以外的申说,也可以理解为是一种更详尽的补充和具体化。任何一事物都有它的体例与核心,在对乾坤两卦的理会与观察上也绝不能例外。

这样,我们就可以来看乾坤两卦的义理大体了。孔颖达说:

此乾卦本以象天,天乃积诸阳气而成天,故此卦六爻皆阳画成卦也。此既象天,何不谓之天而谓之乾者,天者定体之名,乾者体用之称,故《说卦》云:"乾,健也。"言天之体以健为用。圣人作《易》,本以教人,欲使人法天之用,不法天之体,故名乾,不名天也。天以健为用者,运行不息,应化无穷,此天之自然之理,故圣人当法此自然之象而施人事,亦当应物成务,云为不已,终日乾乾,无时懈倦,所以因天象以教人事,于物象言之,则纯阳也。天也,于人事言之,则君也,父也。以其居尊,故在诸卦之首,为易理之初。①

　　这样的解释不可谓不详尽,理由也说得非常明白,主要是这样的解释已经成为历史所能提供的约定的解释了,而我们不能再拿出更实证确凿的说法。前面我们讨论过,卦名相较于卦符在人文史中也不是一定的,所以有鉴于此,我们只要大体上知道乾卦是法天的就行了。自然垂范,人事取法,这一则道理才是最重要的,所以天人关系的原始是非常大而化之、质实的。人与宇宙的关系实际上离不开原始视觉提供的范围,自然物情的简单性使华文化很早就把侧重移到人事上去,自然与人事的二重对应成为易卦系统最基本的体例。关于卦名的取定有多种情况,孔颖达谈到过这个,他说:

　　　　圣人名卦,体例不同,或则以物象而为卦名,若否、泰、剥、颐、鼎之属是也;或以象之所用而为卦名,即乾坤之属是也;如此之类多矣。虽取物象,乃以人事而为卦名者,即家人、归妹、谦、履之属是也。所以如此不同者,但物有万象,人有万事,若执一事,不可包万物之象,若限局一象,不可总万有之事,故名有隐显,辞有踳驳,不可一例求之,不可一类取之,故《系辞》云:"上下无常,刚柔相易,不可为典要。"韩康伯注云"不可立定准"是也。②

---

①　王弼、韩康伯注,孔颖达疏:《周易正义·乾卦》,《十三经注疏》上册第13页。
②　同上。

　　这实际上已经承认了卦名无固宜,要因取类命义而定。从这里来说,名学中讲的正名别同异、名实对应,以及《易》之观象取义,便都集合在卦上统一起来了。卦名与义类既然有这样深的关联,义类繁而卦名一,所以我们充其量只能从约定的意义上去看待卦名。

　　孔颖达解释元亨利贞说:

　　　　元亨利贞者,是乾之四德也,《子夏传》云:“元,始也;亨,通也;利,和也;贞,正也。”言此卦之德,有纯阳之性,自然能以阳气始生万物,而得元始亨通,能使物性和谐,各有其利,又能使物坚固,贞正得终,此卦自然令物有此四种,使得斯所,故谓之四德。①

　　事实上,元亨利贞四德也是一种体例,虽然先行在乾卦一并交待,但并不就仅属于乾卦,在其他各卦中我们常能看到四德的参差、更具体的情况。孔颖达说“圣人法乾而行此四德”,②就包含着一个问题,即,人文学说思想中,经常认定为经义性的东西,它的成就顺序是怎样的呢?像圣人法乾之四德一事,到底是人为订立了四种认同和法则,然后将它还原为先天经义的,还是一开始有此四者,然后照着去做呢?通常的情况当然是前者,这是人文史中常见的常态。由此可知,真正先天经义的,与人为定为经义的,两者之间是有一个间隙的,这就是知识与认识的参差间距。比如说一加

①　王弼、韩康伯注,孔颖达疏:《周易正义·乾卦》,《十三经注疏》上册第13页。
②　同上。

一等于二,这是不由人制定的,它属于算术知识;但是像乾之四德,虽然它也有相当的成立理由,我们确实可以说宇宙存在开通、和谐、有理种种实情,但总体上仍然不能摆脱人为的制定,所以它就只能属于人的认识,乾卦四德是一个很好的例子。我们在以后的许多自然之象与人事之象的接触中会看到,自然之象对应知识,人事之象对应认识的结构是相当典型的。

从现在留存的经典文本看,乾坤两卦的义理的发挥已达到了非常详细的地步,这是其他各卦所不及的。但尽管如此,我们仍然可以很清楚地看到它们是经过精简提炼了的。天道、天则、天德以及阴阳知能是义理重心,与之对应便是人道、君德等事。古代思想中的这种广泛对应,其实质就是分殊,因为不言自明的天然对应早已通过元卦的三画标写出来了。所以说:"夫大人者,与天地合其德,与日月合其明,与四时合其序,与鬼神合其吉凶,先天而天弗违,后天而奉天时,天且弗违,而况于人乎?况于鬼神乎?"①所谓先天者,当然是指天则而说,除去这种理解,我们也很难得出别种解释,因为已经明言天弗违之,所谓"乾元用九,乃见天则",②义理都是通的。先天、后天,与形下等义理是相通的,天运既然依循天则而行,所以人与鬼神显然也是不违天则的,这些直呈的道理显然没有赘说的必要,我们所关注的只是古人有哪些认同的观念系统。天则、天道,义理上是统一的,没有机械的切分。至于讲到天德,可能侧重于人这一边,其义应该是指人得天道,是就得道而说;所以天道、天德、天则明显是一个配合组,这是没有问题的。从大人与

---

①　王弼、韩康伯注,孔颖达疏:《周易正义·乾卦》,《十三经注疏》上册第 17 页。
②　同上。

合的一串交待就可以清晰地看到对应是什么情况的，这些信息都非常直观。简单地说，天为什么行健运化，何以会有寒暑时序，这些都可以归结到天则，所以说"天且弗违"，所谓先天也只是说一开始本来就有的，因此孔颖达的解释反而显得迂曲拘泥了。鬼神亦不违先天天则，可见先天不是从时序先后上去讲的，它是指形上本然的意思，由此可知对天时的理解也就应该配合"六位时成"等义去考虑了，①绝不是机械的时间先后排列，易学中的时是最容易被理解偏差的内容，好像还很难找出比时在理解上更容易出错的部分，因为易义一般是比较简单清楚的，没有多少歧义。因此时的本义应该是时位那样的东西，这有点像我们今天容易一下把光年搞成时间单位的情形。考虑到这里经典上下文易被误解，我们不能绕开注疏解释。孔颖达说："若在天时之先行事，天乃在后不违，是天合大人也；'后天而奉天时'者，若在天时之后行事，能奉顺上天，是大人合天也。"②

"天合大人"，这是一个有趣的解释，但很难定论，虽然我们知道天人合一是常识。只是从道理上来推究，天如果真的合人，也一定是人遵循天则的缘故，这里面套着几层转弯的关系，但却是严格一体的，因为我们很难设想天遵循人的意愿会是什么情景。由此可见，道理本身通了，文本理解把握不会有大的问题。乾卦成立的基础就是天则、天道，所以解释中会强调鬼神亦不违。但从人这一边来说，重要的却是知能上的问题，所谓"乾以易知、坤以简能"，简易知能是易义的核心，因为当初古人设计易卦系统就是为了多知

---

① 王弼、韩康伯注，孔颖达疏：《周易正义·乾卦》，《十三经注疏》上册第 14 页。

② 王弼、韩康伯注，孔颖达疏：《周易正义·乾卦》，《十三经注疏》上册第 17 页。

多能的。当然，从原始的知能来说，侧重于对情况的把握。经文说："亢之为言也，知进而不知退，知存而不知亡，知得而不知丧。其唯圣人乎，知进退存亡而不失其正者，其唯圣人乎。"①亢之为言是就亢极有悔说的，最关键的，是我们看到了知与能本身的阴阳性（要求），因为进与退，存与亡，得与丧，显然都是阴阳组对，我们前面也说过不少阴阳组对了。像太极拳的化与发，也是日用中十分典型的阴阳组对实例，而太极拳理，就是从易理进退等类套出来的，所以没有阴阳之理，也就没有阴阳运动的发明。兵学上的进退也是如此，只不过兵学是群体动作的，而拳学是个体动作的。孔颖达说："若能三事备知，虽居上位，不至于亢也。"②这说明用九、用六的模式，与自古流传下来的太极导引术是同构的。而"不失其正"一义，与"继之者善也"是同构的。因此系辞通论中说的一阴一阳之义，在这里就得到了一个具体的例子。

　　所以真正的知是阴阳的，真正的能亦然，必定如此。从阴阳知能，我们大概也能看到《易》的结体紧实。如同一个石球，触其一点，则全球滚动，所以说《易》圆而神。从这里来看，华文化很典型是求妙的文化，这与它的认识有关，因为华文化认为事实世界是简单的，所以它的用功重心遂放到入妙上去了。当然，这一归约也不是单元的，我们只能从很多、而不是无遗上去考虑问题。关于先天后天等义理内容不止限于易学，像内丹学理论即以此为重要构成基础，这里不能细说。

　　乾卦每爻的义理发挥很细，对乾卦的总说是首先应关注的。

---

①　王弼、韩康伯注，孔颖达疏：《周易正义·乾卦》，《十三经注疏》上册第17页。
②　同上。

文曰:"乾元者,始而亨者也;利贞者,性情也。乾始能以美利利天下,不言所利大矣哉,大哉乾乎,刚健中正,纯粹精也,六爻发挥,旁通情也,时乘六龙,以御天也,云行雨施,天下平也。"①结合"乾元用九,天下治也"一语我们能够很直接地感受到修齐治平的思路。"时乘六龙以御天"应该是对"六位时成"说的,从文面一些重出的迹象我们大概也能看到,《周易》早期解释是将前人反复推究的心得精要集合在一起成就的,孔子无疑是这里面传递的重要一站,因为古代思想十分重视师说,这很好地保持了华文化的因承性,并且《周易》义理本身也很简单,丝毫不复杂,都是一些大而化之提撷性的东西。因此,典章制度文物性恐怕才是更为重要的,因为孔子不是一个乱讲的人,他说殷代文献已不足征,但是借助上世纪出土的甲骨文,我们却可以说出比孔子更多的内容,虽然晚隔了两千五百年。从这里可以深刻领略人文的某种特性,时间是不重要的,时间并不是某种权威优势,在典章面前,对此,近人缺乏深切的感受。

《彖》曰:"大哉乾元,万物资始,乃统天,云行雨施,品物流形,大明终始,六位时成,时乘六龙以御天,乾道变化,各正性命,保合太和,乃利贞,首出庶物,万国咸宁。"②《象》曰:"天行健,君子以自强不息。"③《文言》曰:"元者,善之长也;亨者,嘉之会也;利者,义之和也;贞者,事之干也。君子体仁,足以长人,嘉会足以合礼,利物足以和义,贞固足以干事,君子行此四德者,故曰'乾元亨利贞'。"④

---

① 王弼、韩康伯注,孔颖达疏:《周易正义·乾卦》,《十三经注疏》上册第17页。
② 王弼、韩康伯注,孔颖达疏:《周易正义·乾卦》,《十三经注疏》上册第14页。
③ 同上。
④ 王弼、韩康伯注,孔颖达疏:《周易正义·乾卦》,《十三经注疏》上册第15页。

　　从乾与元相配,以及《春秋》"春王正月"等信息不难看出人文重统绪正始的基因。解释中既然说到乾之元气能遍通诸物之始,坤元亦能通诸物之始,乾卦包含有元气的思想大概是不错的,因为气确实是古人非常原始的认识,这一点从礼学中祭气之说就能够辅助说明。即以宇宙自然论之,虽然我们可以把大地看作地球万物发生养育的场所,但是地球本身也是天中的一团气质凝结,就像冰浮在水中,所以无论是乾元还是坤元,本身都是极原始的观念。较难理解的倒是古人性情一义,孔颖达说:"性者天生之质,正而不邪,情者性之欲也,言若不能以性制情,使其情如性,则不能久行其正。"①相对性而说的情当然不能理解为"情况",此处虽然讲得简单,但中国历史学说中性情思想最基本的东西却都在这里了。因为我们可以看到,历史思想学说所强调的、要求于性情的是贞正,而且十分显眼的一层是,情通常都作情绪去讲,是从情绪上讲说的,一般不大考虑人的情感问题。对此初看很难理解,但是进深一步我们就可以看到,中国人文的心态之老正表现在这些方面。因为到最后最根本的还是情绪,所以它不大考虑情绪以外的东西,但却非常关心性之正。像明末王夫之的性情理论就是历史学说中的一次推向极端的反映,这与明朝亡国对士人的刺激很有关系。所以这时候就是赤裸裸的政教,根本不会考虑到常态凡人的感情了,情一律从情绪去批评,只把性列入常道。因为性被非常典型专狭地规定在仁义礼知之性上,故情几无理学地位。从事实考论之,人类情感确实是很容易剥掉的,所以无生命的理反而成为超稳定之道,这些消息,大可以从老子甚爱必大费、心如死灰诸义中窥得。

————————

　　①　王弼、韩康伯注,孔颖达疏:《周易正义·乾卦》,《十三经注疏》上册第17页。

至于民间社会中的节操等风俗,也可以借贞义考察其消息,虽然要防备机械附会。

　　尽管性情之义很明显是关于人事方面的节制的,但它仍然显得不是那么直接容易喻会。十分清楚,乾卦四德明显是与仁义礼信配合的,六爻的运变则是为了触类旁通物情的。品类万物只是大而化之地说到万物生成、成就,生成学说很难有复杂的解释,至少在宏观上。《周礼》说:"惟王建国,辨方正位,体国经野,设官分职,以为民极。"①这表明了大陆国家的形成,必然是以邦国为最早单位的,而对应它的就是经纬式的管理。这些简单的言说包括了人文群性的一切原始要素。如果我们参以《周易》"首出庶物,万国咸宁"的文义,就能够确认一个古人基本的认识,就是以人为君而在众物之上,所以物极必然是人极,所以人文一开始即定位在事的人文上,又因为各种极的思想如此早熟发育,因此无极的成立乃是必然的。但虽然是无极,却始终以人事为基本精神。墨家《大取》篇早就讲过:天之爱人也,不若圣人之爱人也,天之利人也,厚于圣人之利人也。这说明天道自然虽然能够厚利人类,所谓"以美利利天下",但是它对人并没有圣人所抱持的情怀,只能说它是有机的,却不能说它是有生命感情的,所以老子说天道无亲,常与善人,这些相通的意思都说明自然永远不可能有偏向。所以人的首出庶物只能是人的自认、自我规定,是人的自作自立,那么,关于物性和谐,关于齐物等义,对物的开明,也一样是安抚意义上的,人与物的关系也是平治意味的。

　　我们还记得系辞通论中提到乾坤,曾关联到治统之事,"黄帝、

----

　　① 郑玄注,贾公彦疏:《周礼注疏·天官冢宰第一》,《十三经注疏》上册第639页。

尧、舜，垂衣裳而天下治，盖取诸乾坤"。无论孔颖达还是李鼎祚
《集解》中的解释，都没有从互体、卦变等方面去细说，而是比较侧
重义理的。《九家易》说："黄帝以上，羽皮革木，以御寒暑，至乎黄
帝，始制衣裳，垂示天下，衣取象乾，居上覆物，裳取象坤，在下含物
也。"虞翻曰："乾为治，在上为衣，坤下为裳，乾坤，万物之缊，故以
象衣裳，乾为明君，坤为顺臣，百官以治，万民以察，古天下治，盖取
诸此也。"①孔颖达说："以前衣皮，其制短小，今衣丝麻布帛，所作
衣裳，其制长大……衣裳辨贵贱，乾坤则上下殊体，故云取诸乾坤
也。"②坤卦爻辞，现在还有"黄裳元吉"等内容，所以上述说法，大
概是有据的。因为我们多次讲过，华文化的基本特质是它的人文
因承性，因此元始者，其真正意义是在于人文原始坐标。这就如同
古代跋涉穿越沙漠的商旅，他们根据天上的星就能辨明方向，不至
于迷失道路，人文元始正是这样的星位。我们对古史的性质必须
有明白的认识，因为性质本身就是逻辑。近代以来对人文的考论，
从根子上说还是达意出了问题。知识就是达意，达意之外无知识。
事实上，事物都是简单的，想复杂的只是人心。所以乾坤建立在简
单这一认定的基础上，在人文上是极难得的，尽管为什么会认同简
单本身就是一个问题。

　　我们只要比照一下，会发现乾卦的内容与坤卦的内容文面上
还是有明显的不同，至少乾卦非常单纯，而坤卦却有一些具体的东
西，而且坤卦每爻有对应整齐的象辞，这一点在乾卦的文本中并不
明显。任何人都会一下子注意这样一条更加具体化的限制，即"利

---

①　李鼎祚：《周易集解》第 455 页。
②　王弼、韩康伯注，孔颖达疏：《周易正义·系辞下》，《十三经注疏》上册第87页。

牝马之贞"。牝马就是雌性的马,坤卦的马与乾卦的龙两种动物,成为十分典型的形象标志,都是一种取类,所谓"牝马地类,行地无疆",①那么也应该是龙者天类了。引起我们考虑的当然不仅于此,而是这些具体化的东西肯定不可能没有历史的来源,否则坤卦文本完全可以表现为单纯一般的理论,何以会有一下就引起人们注意的明显异于乾卦的风格呢?比如方位等,文中说:"坤,元亨,利牝马之贞。君子有攸往,先迷后得,主利,西南得朋,东北丧朋,安贞吉。"②

显然,这段内容一定与历史中的某具体人物和事情有关,所以才留下这样具体的记录,只要我们对比一下甲骨文的内容,我们就知道这节文字所述是毫不离奇的。孔颖达说:"此一节是文王于坤卦之下陈坤德之辞。"③文王起于中国西北,而商纣在中原地带,从地域来对照,文王的领地在西南,商纣在东北,所以"西南得朋、东北丧朋"的意思是极明白的。孔颖达从阴阳去解释西南、东北等方位,显得太一般化了。我们看见《尚书》等典章文献保留了许多上古的实录消息,在易辞中留下断片的与文王相关的的内容,从道理上来说是不稀奇的。但是我们很难实证文王当初到底是从哪一卦开始演运的,因为历史中各个人的演卦运卦情况是明显不同的,比如明末王夫之,他自述说是从观卦开始发张开去,因为这里面包含了王夫之观历史运变的用意。我们今天按筮仪占卦,要得到坤卦并不困难。"先迷后得",当然与文王遭困而卒以解脱能够相扣。那么牝马是怎么回事呢?根据文物考古,秦人的祖先就是在西北

---

① 王弼、韩康伯注,孔颖达疏:《周易正义·坤卦》,《十三经注疏》上册第 18 页。
② 王弼、韩康伯注,孔颖达疏:《周易正义·坤卦》,《十三经注疏》上册第 17 页。
③ 同上。

放马的，所以从地域生活性来说，马是中国西北部人们生活中的基本内容，古代马背上的民族和群落并不少见。人在培养牲畜的过程中，出于方便的需要，会对一些雄性头口实施阉割手术，无论是马还是牛等牲口，这是驯化中必然的手法。母马在坤卦辞中表示顺的意思便是没有疑问的。文王被囚羑里，除去安服之道以外，不可能有别的出路，所以文王取日用生活中的牝马这一物象用意也是显然的。安服必贞吉，所以说"利牝马之贞"，这样去解，卦辞意思内容才显得顺然无碍。由此看来，文王得西南之朋，周卒以亡纣并有天下，坤卦本身的典章性应是没有疑义的。

象辞说："至哉坤元，万物资生，乃顺承天。坤厚载物，德合无疆，含弘光大，品物咸亨。牝马地类，行地无疆，柔顺利贞。君子攸行，先迷失道，后顺得常，'西南得朋'，乃与类行，'东北丧朋'，乃终有庆。安贞之吉，应地无疆。"①马在地上可以行得很远，所以用无疆对应去说。人类普遍用马而不用其他动物，是比较了物性以后逐代约定下来的。如果说龙还是象征之物，那么马就是实有之物了。孔颖达说："万物资地而生，初禀其气谓之始，成形谓之生，乾本气初，故云资始，坤据成形，故云资生。"②其实古代思想中有一个连串搭配，即天生、地养、人成。地球生物的发育，当然都靠对地质的转化，但最终的成就使用者还是人类。首出庶物，人是地球的金字塔尖，因而也是宇宙的金字塔尖，因为还未发现比地球发育更高的宇宙物，即便发现，从概率可能来说也只能与地球并齐，而很难超过，因为地球人文在可能性上已经饱和了。因此易学只能是

---

①　王弼、韩康伯注，孔颖达疏：《周易正义·坤卦》，《十三经注疏》上册第18页。
②　同上。

给我们提供一个宏观观念系统的框架,它不负责具体的技术内容,只传达技术思路。比如具体地怎样去为政、治国,就不是《易》可以管的,这也是《易》与礼的区别(《周易》与《周礼》)。孔颖达说:"凡言无疆者,其有二义,一是广博无疆,二是长久无疆也。"①这样看来,古人认为地与天一样长久大概是不错的。关于这一层,还是应该从风俗上去理解,因为足够长就可以象征长久了。但天是真正长久的,地则不然,而且《易》本身认为万物都有一定的时限,阴阳消长之理本身是这样规定的,所以这里主要是表达某种愿望,易理本身有时候也是相逆的。只能说,永远需要有地载物,否则便没有安顿处。象辞说:"地势坤,君子以厚德载物。"②就包含此义。

《文言》说:"坤至柔而动也刚,至静而德方,后得主而有常,含万物而化光,坤道其顺乎,承天而时行。"③健顺之义,表达了古人的一种理想,但我们知道,中国的历史从来都是不顺的。乾坤两卦,都是至动不息的,所不同者在于,乾卦是阳动的,而坤卦是阴动的。从大陆国家的地理性质来说,大地经纬,极容易使人发生方正广远的观念,这是从象上面说;从数上面说就是偶性的二、四、八……所以德方之说也就不奇怪了。地体、地性与地德,有的属于人的知识,有的属于人的认识。比如说地德,人能观象取义,认为地德刚直方正,无所偏邪,这当然是认识。所以,至柔只是外象,动刚才是内质。孔颖达说:"阴主卑退,若在事之后,不为物先,即得主也,此阴之恒理,故云有常。"④老子说阴必胜阳、柔必克刚,都是

---

① 　王弼、韩康伯注,孔颖达疏:《周易正义·坤卦》,《十三经注疏》上册第18页。
② 　同上。
③ 　同上。
④ 　同上。

此理。文王对纣王从来都是"打太极拳"的,直到近代国共之争,毛泽东对蒋介石,无论政治与军事上,也是打太极拳的。所以易学包含着政治原理与方法,考论古今,这一点是不用怀疑的,这就是华文化的全息性。乾卦象辞说:"天行健,君子以自强不息。"对比坤卦,这一条有可能是文王的内在支撑,只不过文王把它装在里面罢了。即使在今天,我们从秦人身上也能看到韧性的一面,更不要说在更为安静的古代。所以实际上,文王作为具体的人,其禀质特性离我们并不遥远,绝不是书面的、难经验的,这些是顺带说明。

坤卦最关键的辞义大概要算这一段:"积善之家,必有余庆;积不善之家,必有余殃。臣弑其君,子弑其父,非一朝一夕之故,其所由来者渐矣,由辩之不早辩也。《易》曰'履霜坚冰至',盖言顺也。"①这一段文辞显然不是解释坤卦初六爻义的,而是发挥初六爻义的。古人解释与发挥之间其实有很明显的区别迹象,只要稍加留意就能分别出来。十分显见,这里所言说的内容极近春秋学大义,因为《春秋》是针贬一时代之乱政的,诸如兄弟相残、父子相残、君臣相残、国人相残、夫妻相残、母子相残、诸侯相残、夷夏相残等等,不一而述,正如孔颖达所说:"凡万事之起,皆从小至大,从微至著。"②这样,前文我们所疑问的利贞、利永贞也就解决了。之所以各卦常设利贞之义,与系辞通论中继善一义乃是一体的。因为一阴一阳之道是中性的,履霜至坚冰也是中性的,不仅善可以积,不善也可以积,而恶的积渐却是人为所要杜免的。因此,天道无亲善,故人继之以善,这就是利在贞正,所以卦之元德总设有一个贞

---

① 王弼、韩康伯注,孔颖达疏:《周易正义·坤卦》,《十三经注疏》上册第 19 页。
② 同上。

义,内质完全是因为利害使然。由此可见,中土人文自古道德便与利害在一起,因此后世思想学说中出现以利害代道德的一派倾向也就是自然的了。而与余庆余殃相照应,像"国之将兴,必有祯祥,国家将亡,必生妖孽"也是我们所熟悉的。这些说法,当然不是简单的迷信,所以我们对经典中古人的说辞,不能无故否定怀疑,这样,前人的经验,才能在人文中积加下来。余庆余殃的事情是肯定有的,而祯祥妖孽的现象也是有的,像大地震,震死数十万人,城市为之夷平,就是显著的例子。霜凝结成坚冰固然十分困难,但是坚冰要想化掉也非常不易。人是会全息遗传的,这就是所谓气质之性。比如说读书世家出生的子女,天然大脑智力十分发达,但小脑发育不很突出,灵性程度要超过平常人家,这就是因为上代堆积的能力信息直接遗传给了下一代的缘故。又比如商家的后代,天然地会对数字、概念、分别性等具有某种特别的能力,也是因为逐代遗传信息累积的缘故,所以其天生质性与常人有别。因此,如果是历代比较乏德乖戾的人家,其后人的先天德性也会是负数较大的,当然并不排除物极而反的可能,比如《左传》中所记生下来豺狼之声的情况,也是因为前人逐代戾气不调在遗传上的表现。这些因素是非常隐微的,故不易为人觉察认识。像在秋天这样昼夜温差大季候出生的人,很多人性格中有两极化的倾向,在生活中,很难抱中间态度,也是物理气质性使然的缘故。宇宙空间分布的物理因素对地球生命的发育生长,以及其特性的成就类型会有潜移默化的影响,正如月亮对地球潮汐的影响在先秦时代已成为常识,年、月份的不同,大十二律吕、小十二律吕的纷繁歧出,造成生命体气质禀性的各异。在《黄帝内经》中讲说了很多重要原理,对我们了解《易》有很好的辅助说明作用。

古人说出了很多经验,重要的是我们是否能够将其中的道理还原出来。祥和的家庭,在形成良好循环的基础上,自然会有不断的美善的结果和成绩产生,这是可以推算出来的。不良的家庭,则会有灾难不断发生,《周易》家人卦是一个很可参考的例子。对国人来说也是如此,恶的教化一旦形成,便会有千年不复之厄,所以历史中的教化思想是以经验为根基的。从坤卦明显的母性特征,我们是否能透视到华文化中的一些女性内质呢?只要我们稍微留心地观察一下,这方面相关的信息可以说是俯拾即是的。比如古代的姓氏,无论是西部地区的姬姓、姒姓、赢姓还是其他与"女"有关的名字,以及古代神话中的女娲、西王母等等,直至老子学说中的玄牝诸种内容,都显示给我们上代人文的某种消息,它使我们意识到这里面不能排除母系社会的遗痕的推设。如果是这样,就说明一个问题,即华文化的中国,它的连绵续延因承性到了一种什么程度?就是从母系开始,到父系再到以后,其中的一切原始都逐代地保存了下来,因此它的系谱史传是最完整的,也是最现成的。阴阳的思维固然也与此有至深之关系,比如传统的治家思想:女主内男主外,贤德的女性参与祭祀,等等。中国的女性,权威常常较其他人文区域的要大,不能不说有历史因素的影响。像商代妇好就是精于打仗的。动物社会,比如大象家族,就是母系构成的,因为母系对族群种类的繁承有稳定的作用和影响。人类群体原理上也是如此的,比如战国时代李牧与匈奴人打仗,一次决战消灭十几万人,使匈奴十几年内不可能再对赵国形成威胁,这显然是有人口原理可循的。因为直到二十世纪末期,蒙古的人口也只有一百数十万,古代匈奴人的人口情况大致上不会相去太远,这说明草原国家自古及今变化是有限度的。设使每十人有一精壮的战士,小孩妇女老弱除外,那么也只有十几万人的军队,如果这一有生力量损失,到下一代战士成长起来,起码要十几年的时间,所以,男人打仗,女性肩上抚养的负担是绝不轻松的。因此,李牧的例子实际上说明了很多道理。西北人的祖先,比如秦人的祖先,据说是蒙古民族下来的一支,自古也是放马的,那么从人文生活性质类型上来说,也应与上述道理相通,所以古代西北部人可能保留很多母系生活的特点的实况,就开始生动地浮现到我们面前了。但所说这些内容,仍然是理解补充意义上的,我们没有要让它取代古代易学主体的意思,只是想说明,华文化的绵延性到了何种地步而已。男女阴阳的情况,在各卦中有极生动的反映,绝不是仅仅书面的。历史中女性地位的重要,都有其成因可循,比如政治上的武则天、西太后等等,固然是一种阴性的标志,但却绝不是巧合,因为这种现象同胡人的习惯可能有甚隐微的联系。中国的历史,大体上可分为胡统与汉统,或者完全不统一,分合之间,当然是一对阴阳,正如治乱分阴分阳一样,而胡统汉统的交替实际上承续了夷夏之辩所言中的情况。比如汉、明,这是汉统的,而蒙元显然是胡统的,像唐朝实际上是胡化汉统的,正如清代是汉化胡统的一样,大体上是这样的。因此唐清出现女性主政的情况,与胡系民族内部的母系基因不能说没有关系,因为母系基因会直接影响礼法的构成和特点。由此,通过阴阳系谱,我们实际上能够达成对历史社会与政治的一种透视,这种视觉是具有穿透性的,它可能把成因解释清楚。

我们前面说到过瓷器社会、瓷器原理,其实不止瓷器一样,类似的例子还相当多。比如玉器,据考古发现,早在石器时代,中国的古人先民就琢磨出了精美的玉器,我们习惯上有新石器时代与旧石器时代的划分,但无论怎么说,玉器总是一种石器,正如瓷器总是一种土器那样。不是任何文明都导引出了玉器与瓷器形态的，所以无论玉器还是瓷器，以及同理的其他名物，所说明的原理都是一样的。女系人文基因可能也属相类的情况。坤卦讲驯致其道，成为人文中阴性的标志。《文言》说："阴虽有美，含之以从王事，弗敢成也。地道也，妻道也，臣道也。地道无成，而代有终也。"①这一条是说坤卦六三爻的，爻辞说："含章可贞，或从王事，无成有终。"②象辞说："含章可贞，以时发也，或从王事，知光大也。"③六三爻虽处下卦之极，但是不自主张而取顺从之道，从中可以窥见有功不伐、遵守名分的古义。这显然是从积善一边去定义的，六三爻是一个阴爻，如果我们把它变成一个阳爻会怎样呢，显然就成了九三爻，这样，坤卦就变成了谦卦，谦卦九三说："劳谦君子，有终吉。"象曰："劳谦君子，万民服也。"④九三是谦卦唯一的阳爻，上下都是阴爻，象征着人众皆来响应，于是接引疲劳。前人议论过，谦卦是诸卦中少有的自始至终没有凶咎的卦，可见谦退之道的重要。坤卦主顺承，变成谦卦，即使稍为主动有为，其效果也还是如此稳便妥当，从中可以看到卦义上的统体配合还是颇严整的。但问题是，如果照人为观卦的理解，我们完全可以把任一卦任一爻诠释附会得完全好、绝对圆，那么，卦还有什么意义呢？从这里来想，我们不能不记起占卦可能包含的牵制作用和因素，而事实是，结果总是由人的所行所为决定的。比如占的结果是我会这样做，于是我便反其道而行之。当然的，卦与结果定会跟着变化了。所

---

① 王弼、韩康伯注，孔颖达疏：《周易正义·坤卦》，《十三经注疏》上册第 19 页。
② 王弼、韩康伯注，孔颖达疏：《周易正义·坤卦》，《十三经注疏》上册第 18 页。
③ 同上。
④ 王弼、韩康伯注，孔颖达疏：《周易正义·谦卦》，《十三经注疏》上册第 31 页。

以《易》留给我们的并非具体到如何细节化的结果,或者唯一这样而不那样的解释,最重要的是它坚持的运变随阴阳的观念,只有这一点是剥不掉的。

所以,出于价值和意义上的考虑,今天我们不可能专注于卦变的运算技术环节,虽然卦变的体例是非常明白的,我们只能较多地关注《易》的思路与内容,尤其是它的阴阳统一性。像坤卦,从履霜坚冰到龙战于野,其实也只是给我们提供了一个顺序模式,因为事物的过程在这方面是可以找到很多例子的。《文言》说:"阴疑于阳必战,为其嫌于无阳也,故称龙焉,犹未离其类也,故称血焉,夫玄黄者,天地之杂也,天玄而地黄。"①阴阳交战,最直接的例子不仅在物理,在生理上例子也非常之多。比如《黄帝内经》中讲到"阳至而绝曰石",②人之所以会得肾结石等结石病,乃是因为阳气断绝所致,因为结石肯定是阴性凝成的,中医上的疾病都可以归结为类型与程度不等的阴阳失和,所以,从阴始凝到阴阳交战,透过医理得到了极好的实例说明。这样来辅助理解卦义,就可以看到易理不是占卜一项可以简单化处理的了。坤卦上六爻说:"龙战于野,其血玄黄。"③象曰:"龙战于野,其道穷也。"④这说明阴柔亢极了也一样是不行的,因此,没有任何一卦是享有特权的,卦都有正负两面的限制,乾坤也都不例外。玄黄是天地之色,宇宙空间是黑暗的,而土地则呈黄色。上六中的内容我们今天很难坐实,但初六表地道,上六表天道,从地到天,这里面暗示了某个顺序。而且初六、

---

① 王弼、韩康伯注,孔颖达疏:《周易正义·坤卦》,《十三经注疏》上册第 19 页。
② 《黄帝内经·素问·阴阳别论》,《二十二子》第 884 页。
③ 王弼、韩康伯注,孔颖达疏:《周易正义·坤卦》,《十三经注疏》上册第 18 页。
④ 同上。

上六两爻都侧重从物象提取内容，我们可以很清楚地看到，在乾坤两卦中对爻义的发挥说解，与上古礼学在义理上常常是相通的。单从《黄帝内经》这一个例子我们也可以看到，《黄帝内经》通篇都贯穿在一个阴阳上面，这就是说，中医的观念是认为，治疗就是对阴阳的调控，除此无他，一切技术都不外乎具体的调控手段。这说明华文化就是一个大的阴阳链，中医既然是中国学问门类中最典范的一门，那么依次类推，其他的各门学问理路上也是一样的。比如饮食学，认为人最基元的食物就是水火，一切都从这一组对阴阳起步，而且特别强调说，任何食品都有毒性的一面和营养有益的一面，因此饮食之道就是永远让那有益养生的一面朝向人，而让毒性有害的一面背对自己，这种鲜明的一半性就是阴阳思维的。医学与饮食学，包括养生学，虽然是古代学问中有机的门类，但在较为机械、无机的学问类中情况也相当，比如数学、算术，正负与加减，本身也是阴阳的，尤其是盈不足这一类的问题就更为典型、明显。我们在这里只能略举数例，因为易学不是具体学问，但已经使人清晰地看到：《易》讲说的是各门学问间一般的道理（阴、阳），这是最要紧的，尤其是《易》展示了一般思维路径在人文中的原始来由情况。

卦爻义

　　《周易》的重心与体例，除去我们上面讲到的阴阳三道、系辞通论与乾坤二卦，各个卦爻的变动都是一些具体的内容，总不超出大体的框架。对这些具体的卦爻内容的观察，虽然可能显得机械呆板，但并不重复，它们是《易》的真正肌体，历代学者都是无法绕开的。好在学问有别于艺文，它不必顾虑可读性，而只看事实是否清楚。

　　前面我们讲过古人写天、地、雷、风、水、火、山、泽之象成八纯卦，为什么一定要取这八种物象，只能从约定的角度去解释。因为我们只要观察一下早期人类元素观念的起源，就不难感受到思维中的共通性，这可以从性相近去解释，我们知道初民的约定俗成其实是必然的。山泽之象实际上反映了中国自古的地貌，因为中国是世界上最多山的国家，也是水域最交织分布的国家，所以山泽之象乃是大地观念的细化。但山泽之象立卦不是徒然的，它直接系出以后特有的山水文化，在人文绵延性上有重要信息价值。古人说仁者乐山、知者乐水，这种将性德与法象连并的习惯无疑是从上代观物取义的行为习惯一裔传袭下来的。雷风当然属天象，这样就与地象对称了。案《帝王世纪》中讲过："至夏人因炎帝曰'连山'";①"位在南方主夏,故谓之炎帝";炎帝神农氏"长于姜水";神农氏"本起烈山,或时称之,一号魁隗氏,是为农皇";魁隗氏"又曰连山氏,又曰列山氏"。② 从现在长江上游的地貌来看,确实是山势相连的,因此连山卦之名大概也只是朴实地反映了上古人文生长成形的环境因素。

关于卦爻义,我们在《周易》文本中经常可以看到对它们的引述发挥,这与古人引《诗》说义的习惯是贯通的。

否

> 子曰:"危者安其位者也,亡者保其存者也,乱者有其治者也,是故,君子安而不忘危,存而不忘亡,治而不忘乱,是以身安而国家可保也。《易》曰:'其亡其亡,系于苞桑。'"③

这是引否卦九五爻义来证说之。案《序卦》云:"物不可以终通,故受之以否。"④《杂卦》云:"否、泰,反其类也。"⑤否是闭不交通的意思,否卦象辞说:"天地不交,否,君子以俭德辟难,不可荣以禄。"⑥否卦是由乾坤两卦组成的,上面是乾卦,下面是坤卦,所以说天地不交,一定要像泰卦那样坤上乾下,才说天地交,这可见象

① 皇甫谧撰,徐宗元辑:《帝王世纪辑存》,北京:中华书局,1964 年版,第 8 页。
② 皇甫谧撰,徐宗元辑:《帝王世纪辑存》第 11—12 页。
③ 王弼、韩康伯注,孔颖达疏:《周易正义·系辞下》,《十三经注疏》上册第88 页。
④ 王弼、韩康伯注,孔颖达疏:《周易正义·序卦》,《十三经注疏》上册第 95 页。
⑤ 王弼、韩康伯注,孔颖达疏:《周易正义·杂卦》,《十三经注疏》上册第 96 页。
⑥ 王弼、韩康伯注,孔颖达疏:《周易正义·否卦》,《十三经注疏》上册第 29 页。

辞中讲的应该是一种义位,它不是机械模仿法象本身的。也就是说它是取义法象的,而不是照搬法象的。否卦象辞所讲的意思,是要节俭为德以避危难,不可荣华骄逸,这在利害上是一种退守之道。《周易》的很多卦爻内容,都是这样关于人事利害的,所不同的只是具体的如何阴阳运变罢了,从这一点来说,《周易》是最易于整体了解和把握的,难以穷尽的是《易》的变化。否卦说:"否之匪人,不利君子贞,大往小来。"彖辞说:"否之匪人,不利君子贞,大往小来,则是天地不交而万物不通也,上下不交而天下无邦也,内阴而外阳,内柔而外刚,内小人而外君子,小人道长,君子道消也。"①这里阴阳的连环对称异常直观,小人君子也是一组阴阳,是《论语》中最常议论的话题。关于柔刚这一组对,实际上也已经被古人发展为一般概括了,比如经典中提到的貌恭心狠之人非常险恶,显然这一情况就属于外柔内刚,像色厉内荏属于内柔外刚,这样的举一反三还很多,它们是无处不在的。孔颖达说:"否闭之世,非是人道交通之时……阳气往而阴气来,故云大往小来,阳主生息故称大,阴主消耗故称小。"②天地绝塞不通,古人所说神魂向上归于天,形骸往下归于地,人死为鬼,阴为野土,等等,都是离散之象,乾上坤下成否卦正与此相应。生命终结、人的死亡简单说就是阴阳离散,不交而再难通也。即以中医学论之,阴阳的实效便得到了最直接而充分的说明,否卦如果用于人的生理之象去解释,人的身体机能因为否塞不通而引起的各种痼疾顽症、瘸病残疾例子是很多的。象辞着重的是政治,如说上下不交而天下无邦也。孔颖达说:"上下

---

① 王弼、韩康伯注,孔颖达疏:《周易正义·否卦》,《十三经注疏》上册第29页。
② 同上。

乖隔,则邦国灭亡。"①相对于否卦,泰卦是说健顺,不是说刚柔,泰卦也是由乾坤组成的,义理与文辞的配合非常整齐,好像能够直接进行代换运算一样,这是最显见的特点。

从《周易》中如此多的"君子道消""小人道长",以及"其道穷也""何可久也"之类能够说明什么呢? 可以肯定一点,它们充分说明了一阴一阳之道的中性性。所以正义并不一定胜邪恶,那只是人的主观继善愿望,在恶道通行的时候,人就只能退守,这是理势之当然。西狩获麟,孔子反袂拭泪说吾道穷矣。历来论者争辩说:孔子岂会如此? 这岂是孔子? 等等。但仔细分析,这可能是对的,孔子也是常人,道消之时也是无可如何的。古代与现代有很多原理相通的事情,是无疑的。这说明历史本身是一个大的阴阳消长。至于乱极而发生大地震那样的灾害不能救,大地血黄,则绝非国谶,而是必然的了。否卦九五爻说:"休否,大人吉,其亡其亡,系于苞桑。"象辞说:"大人之吉,位正当也。"②这说明义理上的关键在九五之位,九五是表人道的,处上卦之中。休否的意思是说在否塞之时,以否闭之道遏绝小人,这是否有一些以其人之道还治其人之身的味道呢?《九家易》说:"否者,消卦,阴欲消阳,故五处和居正,以否绝之,乾坤异体,升降殊隔,卑不犯尊,故大人吉也。"荀爽说:"阴欲消阳,由四及五,故曰'其亡其亡',谓坤性顺从,不能消乾使亡。"③按否卦下体为坤,都是阴爻,阴代表象征小人之道,往上到九四就被隔断了,所以无法接近九五消之,这就是"其亡其亡"的意

---

① 王弼、韩康伯注,孔颖达疏:《周易正义·否卦》,《十三经注疏》上册第 29 页。
② 同上。
③ 李鼎祚:《周易集解》第 104 页。

思，但存与亡是一个阴阳组对，故凡言亡者，背后必有存义与之相应，这是一种人文反训特点。荀爽说："包者，乾坤相包也。桑者，上玄下黄，以象乾坤也。乾职在上，坤体在下。虽欲消乾，系其本体，不能亡也。"京房曰："桑有衣食人之功，圣人亦有天覆地载之德，故以喻。"陆绩说："包，本也。言其坚固不亡，如以巽绳系也。"郑玄曰："犹纣囚文王于羑里之狱，四臣献珍异之物，而终免于难，系于包桑之谓。"①

　　汉代学者的解释都非常质实，意思也很清楚，我们没有必要再重复。孔子发挥九五爻义，列出了一串阴阳对称的内容，如安危、存亡、治乱等等，这可以看到孔子治理政治的思路清晰简单，像乘法口诀一样，可以直接进行代换运算。先秦时代的很多文化现象不是偶然的，只要我们稍微列举一下就会发现，《墨辩》的口诀性十分直观，当然那是名学口诀，就是在方便记诵的基础上然后加以运用。像《周易·杂卦》也有很强的口诀性征，很多地方是押韵的，大概也是为了方便把握运用的。现在出土的战国九九乘法口诀竹简是当时人们为了方便运算写的，正如《老子》作为先秦时代的一部综述，它把人文应该注意的要道都举出记下、开列出来。我们只要对比一下中医的药方来观察《老子》，就不难发现它的根本特点。所以，古人给我们留下的很多文献，本身并不是书面的详细展开与论述，而只是一些凝缩的结果，所以我们在考论古史时首先须明辨其中的分类。其实直到近古，上代留下的一些习惯还在流传，比如民间通行的《增广贤文》一书，实际上就是当时的社会通用守则，是一本手册，其结尾处说："圣贤言语，雅

---

　　① 李鼎祚：《周易集解》第104页。

俗并集，人能体此，万无一失。"①就说明一种集成意图和倾向。所谓"万无一失"者，是要人切实照行不误。武学方面有拳谱剑经，日用生活方面也是如此，不过是文的方面罢了。这些都说明古人想包揽万事不遗无漏的心理习惯，是一种清晰简捷的控制欲。我们在经典当中，总能看到孔子的观点态度，它们离我们并不遥远，都是说的一些简单的要道，都是一些现成的东西。曾子说：夫子之道，忠恕而已。但忠恕是否就能真实地概括孔子的核心呢？也许阴阳更是学理方面一以贯之的东西，因为孔子的思维习惯比起孔子的某些具体结果无疑更加根本一些，中庸在阴阳性上面之所以不好分是因为中庸所指就在于阴阳中和。

政治的调理与监控，以及政治的治疗，就如人体的调理与治疗一样，其要都脱不出阴阳平衡。董仲舒细致地讲过这些道理，上古政事与养身并举说明了一种思维习性，孔子讲名礼治乱，与天子制的治体有关，他的政治思路不是后来帝制的，虽然道理上可通用。孔子发挥爻义，在《系辞》和乾坤两卦中保留了不少消息，这些爻义的发挥当然也是以前代的积累为基础的。义理从每一爻上发挥出来的过程就如同缲丝的过程，关注了这一层，我们在观义时才不至于感觉到疏离和不着边际。这就是"引而伸之"的意思。

同　人

　　子曰："君子居其室，出其言善，则千里之外应之，况其迩

　　① 周希陶：《重订增广贤文》，喻岳衡编：《增广贤文·弟子规·朱子家训》，长沙：岳麓书社，2005 年版，第 84 页。

者乎？居其室，出其言不善，则千里之外违之，况其迩者乎？言出乎身，加乎民，行发乎迩，见乎远，言行君子之枢机。枢机之发，荣辱之主也。言行，君子之所以动天地也，可不慎乎？'同人先号咷而后笑。'"子曰："君子之道，或出或处，或默或语，二人同心，其利断金，同心之言，其臭如兰。"①

案同人卦九五说："同人先号咷而后笑，大师克相遇。"②这些内容，都是关于古人言行之道的，因为我们只要粗分一下，就会看到人道也就分为言与行，凡事超不出这一概括。在古人的归分中，知、言、行这些固定配合，表明古代人思考中常用的技术内容，它们比现在的伦理纲常其实要重要。因为伦常是会随着时代转移的，而人的思维却更具有久远的意义，通常一种文化是看它如何地去思考、观看问题，也就是它的手法。知与言是一体的，知是人心中的，而言则是表达出来，像人类人文的各种思想学说就是言，所以知言总是与行相对。孔子引同人卦义看来十分重视同心之言，因为这关系到同道，内中有言与道合的因素。俗语中所说话不投机六月寒者，当是古代思想在民间的衍流。关于言行的效果含有两层意思：一是自身的利害（荣辱），再就是更主要的目的——君子以动天地。这可见古人的心是很大的。

我们在看具体的同人卦内容前，不如先看一看系辞通论中提出的六条标准：一、将叛者其辞惭，二、中心疑者其辞枝，三、吉人之辞寡，四、躁人之辞多，五、诬善之人其辞游，六、失其守者

---

① 王弼、韩康伯注，孔颖达疏：《周易正义·系辞上》，《十三经注疏》上册第79页。
② 王弼、韩康伯注，孔颖达疏：《周易正义·同人卦》，《十三经注疏》上册第30页。

其辞屈。上古时代是辞盛的时代,各种学说言论林立,因此系辞通论列出此六条标准以为结束,内含知言、知人、观行的道理。虽然这六条标准是出自经验的,但从过去历史人文所证明的来看,实际上都未脱出此标准系统。而更重要的是,随着以后日用人文生活中各种思考见解的纷繁,这些标准将进一步成为我们用来判断选择的依据,否则我们就不能高效地生活,甚至于没有安全保证。老子说人之所畏不可不畏,孔子说畏大人之言,都说明了集合前代经验成果和知识成果的重要。我们只要看一看先秦名辩的繁盛,就可以知道六条标准的提出在历史中是蕴积已久的。吉善必然辞寡,我们看卦爻下面所系之辞的短简,就能感受到这一点。因为所系之辞都是直奔事情的要领的,吉善并不是指内容上的好坏,不是说事情本身的吉凶,而是一种态度的表明,对待事情的是否妥善,犹如俗语中说不怕没好事、就怕没好人相似。易卦歧多,固然不可能事事吉善,所以吉人辞寡应如何理会是显而易见的。这六条标准因为涵义简单,都表现在字面上,所以没有一一赘说的必要。只是我们尤其要小心的是枝蔓浮游之辞,正如很多寡言少语的人很安全,诬善之人是非常危险的,这可见六条识别标准也是按阴阳去安排的。我们总可以看到在人类历史中有一种情况,就是先车裂了自己的良心,然后再服务于什么目的意图地去立说,其所立当然不是正心之论,而是诛心之论了。这种居心不良的学说常常诬蔑世界中的任何人、物、事,即一切凡认为异端的东西。但诬辞都是有形迹可循的,就是显得非常游,这是我们鉴别判断真实与伪学的标志。至于辞语论述枝蔓的学说,显然是自身还没有透彻地弄清楚,所以古人说功夫深时转而平白,就是说学问上通透了也就平浅了,反而没有多余的话可说。这些是顺带说明,其实效表现在运用上。

"二人同心，其利断金"，固然是说人心协同之威力，《孙子兵法》云上下同欲者胜，正应此理。而从言行远近感应来说，多少也能见出中国社会之历史性质，近代人们常说中国社会是舆论社会，其实这是渊源有自的。治国，无论兵事还是生产，都需要齐人力为基础，同人九五提到大师就说明了这一点。其实同者，只能在共同的利益群体、利害群落上才能成立，人与人总是交战的，所以春秋战国实是人类的普遍法则，是人类心理的共同的必然。所以同人之义总与师、与克在一起。正如孔颖达解释的："处得尊位，战必克胜，不能使物自归己，用其刚直，必以大师与三、四战克，乃得与二相遇，此爻假物象以明人事。"①因为在同人卦中，只有六二是阴爻，其余诸爻皆为阳爻，所以九三、九四等阳爻要与九五爻竞争六二，这容易使人联想到许多个男人争夺一个女人。九五象辞说："同人之先，以中直也，大师相遇，言相克也。"②九五因为处人道居中，所以六二必然是要最终归九五的，从这些地方也可以看到观卦活动是直观形象色彩颇强的。

关于借物象以明人事，乃是易卦共同的体例，孔颖达说："先儒所云此等象辞，或有实象，或有假象。实象者，若地上有水，比也，地中生木，升也，皆非虚，故言实也。假象者，若天在山中，风自火出，如此之类，实无此象，假而为义，故谓之假也。虽有实象、假象，皆以义示人，总谓之象也。天行健者……天之自然之象，君子以自强不息，此以人事法天所行……"③自然之象以人事言之，是易卦

---

① 王弼、韩康伯注，孔颖达疏：《周易正义·同人卦》，《十三经注疏》上册第30页。

② 同上。

③ 王弼、韩康伯注，孔颖达疏：《周易正义·乾卦》，《十三经注疏》上册第14页。

通用的体例,所谓自然之象、人事之象、义理之象等等。观象取义
虽然是一个连续体,但正是在这里却有知识与认识的界别,观象属
于知识,因为它基于对物情的了解把握。而取义则直接表达人的
认识,我们看《墨辩》中《大取》《小取》篇,都是讨论取法的,所谓取
就是拿出,如何从事与物上拿出一个义来,这当然是人的认识的活
动。比如对单纯的物理的了解,它是知识的、自然的,属于自然知
识;但是一旦取义,那么这自然的便进入文科的领域,显然便是认
识了,当然这是最简单的可分别情况。像孟子从见小儿入井一事
上提出性善来,这便是观人事之象而取义的情况,是典型的例子,
所以性善观只是孟子的一种认识,但还不是知识。并不是因为只
要是人文的就不是知识而只能是认识的,我们绝无此意,只是说孟
子的这一例情况仍然是认识的,因为他是在营构他自己的学说。
任何一件事一件物,本身都是一个集合,我们可以从上面作无尽
取,所以孟子既然可以从人事之象上观取性善,那么荀子也一样可
以观取性恶,结果谁也不能如谁何,这就可见取法的问题关涉之大
了,所以墨家《大取》《小取》之篇所论之原理实针对极强,我们以后
需要另作专门讨论,才能知道取本身是一个辐射、共毂。

　　有一段解释值得注意:"枢谓户枢,机谓弩牙,言户枢之转,或
明或暗,弩牙之发,或中或否,犹言行之动,从身而发,以及于物,或
是或非也。"①实际上这里面藏着礼学的自我性,简单地说就是其
他的人或事都是我的言行的结果而不是原因,是这样去要求的。
因为在射礼中有一种讲究,即无论射中与否,射者都会向自己找原
因,而不会怨怪外面,所以射礼包含对内自省习惯的养成作用,这

---

①　王弼、韩康伯注,孔颖达疏:《周易正义·系辞上》,《十三经注疏》上册第79页。

是礼学上的自我性质。言行发诸身而及于物,好像箭与的的关系,充分说明了这一点。所以自我即原因,言行为荣辱之主,《尚书》讲"自作元命",古人的此类观念很能说明为什么华文化是世俗非宗教的,这与它的精神习惯很有关系。《儒行》大概是最好的例子,极能说明言行在人文中被重视的地位。

> 孔子侍曰:"儒有席上之珍以待聘,夙夜强学以待问,怀忠信以待举,力行以待取,其自立有如此者。"

> 儒有衣冠中,动作慎,其大让如慢,小让如伪,大则如威,小则如愧,其难进而易退也,粥粥若无能也。其容貌有如此者。

> 儒有居处齐难,其坐起恭敬,言必先信,行必中正,道涂不争险易之利,冬夏不争阴阳之和,爱其死以有待也,养其身以有为也。其备豫有如此者。

> 儒有不宝金玉,而忠信以为宝;不祈土地,立义以为土地;不祈多积,多文以为富;难得而易禄也,易禄而难畜也。非时不见,不亦难得乎? 非义不合,不亦难畜乎? 先劳而后禄,不亦易禄乎? 其近人有如此者。

> 儒有委之以货财,淹之以乐好,见利不亏其义;劫之以众,沮之以兵,见死不更其守;鸷虫攫搏,不程勇者,引重鼎,不程其力;往者不悔,来者不豫;过言不再,流言不极;不断其威,不习其谋。其特立有如此者。

> 儒有可亲而不可劫也,可近而不可迫也,可杀而不可辱也。其居处不淫,其饮食不溽,其过失可微辨,而不可面数也。其刚毅有如此者。

儒有忠信以为甲胄，礼义以为干橹，戴仁而行，抱义而处，虽有暴政，不更其所。其自立有如此者。

儒有一亩之宫，环堵之室，筚门圭窬，蓬户瓮牖，易衣而出，并日而食。上答之，不敢以疑；上不答，不敢以谄。其仕有如此者。

儒有今人与居，古人与稽，今世行之，后世以为楷。适弗逢世，上弗援，下弗推，谗谄之民，有比党而危之者，身可危也，而志不可夺也。虽危，起居竟信其志，犹将不忘百姓之病也。其忧思有如此者。

儒有博学而不穷，笃行而不倦，幽居而不淫，上通而不困，礼之以和为贵，忠信之美，优游之法，举贤而容众，毁方而瓦合。其宽裕有如此者。

儒有内称不避亲，外举不辟怨，程功积事，推贤而进达之。不望其极，君得其志，苟利国家，不求富贵。其举贤援能有如此者。

儒有闻善以相告也，见善以相示也，爵位相先也，患难相死也，久相待也，远相致也。其任举有如此者。

儒有澡身而浴德，陈言而伏，静而正之；上弗知也，粗而翘之，又不急为也。不临深而为高，不加少而为多。世治不轻，世乱不沮；同弗与，异弗非也。其特立独行有如此者。

儒有上不臣天子，下不事诸侯，慎静而尚宽，强毅以与人，博学以知服，近文章，砥厉廉隅，虽分国，如锱铢，不臣不仕。其规为有如此者。

儒有合志同方，营道同术，并立则乐，相下不厌，久不相见，闻流言不信，其行本方，立义，同而进，不同而退。其交友有如此者。

温良者,仁之本也;敬慎者,仁之地也;宽裕者,仁之作也;孙接者,仁之能也;礼节者,仁之貌也;言谈者,仁之文也;歌乐者,仁之和也;分散者,仁之施也。儒皆兼此而有之,犹且不敢言仁也。其尊让有如此者。

儒有不陨获于贫贱,不充诎于富贵,不慁君王,不累长上,不闵有司,故曰儒。今众人之命儒也妄常,以儒相诟病。①

孔子从自立、容貌、备豫、近人、特立、刚毅、仕、忧思、宽裕、举贤援能、任举、特立独行、规为、交友、尊让各方面说儒,这些规则,虽然后来名儒不断有人制立行范,但都不能够超过。可以很清楚,在孔子的时代儒已经不行了,所以孔子作为历史上出来振作的一个人应该是没有问题的。老子说,死而不亡者寿,这句话很能说明儒在历史中的处境。我们看经典中的讲说,好像就指当代一样。《儒行》中讲的很多意思,我们在系辞通论中也看见了不少,比如义方之类。虽然上面赘引了很多,但其中包含的广泛的有效说明性却是值得这样去做的。关于知行在历史中还有态度上的分野:一种讨论是以为知而不行是认同上有问题,因为虽然知道了一个道理,但如果不认同它,也是不会切实去行的;另一种意见是认为知而不行本身就说明了知方面还存有未通透的问题,因此不能尽知道义之利,便产生不了行的推动力。我们在这里不可能就理学展开详细的讨论,而只是说上古易义的发挥中对行言知等已关注到

① 王弼、韩康伯注,孔颖达疏:《礼记正义·儒行》,《十三经注疏》下册第1668—1671页。

何种程度,以及易理与其他学理之间的互联关系达到何种程度。知识、认识、认同等问题的学理辩证不是容易的。

同人卦说:"同人于野,亨,利涉大川,利君子贞。"《正义》说:"同人谓和同于人。"①卦辞讲到了三层意思:一是说和同致远,野就是喻指广远的;与人同心,足以涉难;但是如果不贞正的话,便容易流于小人党同,所以贞是许多卦必不可少的道德告诫。这可见孔子发挥同人,还是紧扣卦义的,因为无论远迩之辩、同心之说等等,都没有离开同人卦义显得游离,这是孔子取义的谨守法度。象辞说:"天与火,同人,君子以类族辨物。"②所谓"方以类聚,物以群分",③方、类、群都是以类为准的。天在上,火往上烧,物性类同,所以取物象为同人,对天与火的物情的了解属于知识,对同人的取义属于人的认识,知识与认识好像也总有一种阴阳组对的对应性。王弼说"君子、小人各得所同"。④ 我们记得《论语》中讲过"君子和而不同,小人同而不和"一类的话,因为人与人是很难相同的,人与人只能达成一定限度的约定,这是同异性规定的。但有德的人并不因为异就干扰人群的和谐,从古人的意思我们也能感受到事情的困难了。

其实同人卦取义是非常具体的,如果考虑到反训这一点,那么同肯定还要指对异,但如果直接以同异等名卦,似乎就太抽空了一些。然而我们仍然十分清楚其中的关系,人类人文的很多基本都逃不出古人的概括。比如各种文化和文明间的冲突争斗,显然就

---

① 　王弼、韩康伯注,孔颖达疏:《周易正义·同人卦》,《十三经注疏》上册第29页。
② 　同上。
③ 　王弼、韩康伯注,孔颖达疏:《周易正义·系辞上》,《十三经注疏》上册第76页。
④ 　王弼、韩康伯注,孔颖达疏:《周易正义·同人卦》,《十三经注疏》上册第29页。

是攻乎异端的具体表现,像宗教就永远是同而不和的,所以教比党更凶险,阴阳交战也更烈。而世界不可能是同极的,这是同异法则规定的,任何终极都只能是一种端极,因而是不可极的,不可以为极。攻乎异端,斯害也已,话到这里已没有可说的余地。中土思想不侧重于自然物,而侧重于人文,说明它的早熟。因此,从每卦的如何分象也可以得到我们近人所需要的解答,比如问:中国的历史社会为什么会是这样的? 诸如此类。人类只要不灭亡,终将装在一个卦系中,这已经十分明显了。这是因为人类生活所需要的要素也只有几大件的缘故,本质上是简单的,我们可称之为概率的有限性。不容许自身以外的,就不可能和平,更谈不上和谐,古今都是同理。象辞说:"同人,柔得位得中而应乎乾,曰同人。同人曰'同人于野,亨,利涉大川',乾行也,文明以健,中正而应,君子正也。唯君子为能通天下之志。"①

　　君子辨类而通天人之志,古人经理天人的思路就是这样的,即以一个文明中心为坐标,从而怀来远人,以期归化,是一种典型的古代大陆思维。各个人群,由于情况的多异,并不强求一律,是上古邦国时代的特点。从这里也能看到齐物理论的渊源所自。诸国愿意相化,通天下之志,中正以应,都说明了古代文明的某种力量。而"文明以健""乾行也",本身也能表明古人的某一持续努力与经营,这些倾向都是很明显的。九五、六二都处人道,刚柔阴阳相谐,而卦象方面,天下有火,本身也含有天下文明、照亮的意思,这与明夷卦正好形成某种对比。可以看到,离卦含有文明的意思,火本身是光明的。就原始图像来说,苍天之下生一堆篝火,从而聚拢一堆

———————

① 王弼、韩康伯注,孔颖达疏:《周易正义·同人卦》,《十三经注疏》上册第29页。

人,这与把火在地坑里弄熄,都是生动的生活场景。孔颖达说的假象(假是借的意思),实无其象,假借为义的意思虽然不错,但是像天在山中,风自火出等象现实中还是有的。因为山间总有大量的空处,只要是空处就是天,因为地本身就在天中,所以天在山中也绝不是什么实无其象。至于风自火出一事,我们冬天如果生起火盆,把火烧得很大,在火盆上牵绳晾上毛巾等物品,就会发现热浪会鼓荡得毛巾摆来晃去,这也是因为温度差引起空气流动、运动的缘故,所以风自火出也是有的。当然,这些都是枝节问题。

<h1 style="text-align:center">大　有</h1>

从出土的很古的玉琮来看,有的四周的刻文极像三画成卦的图样。文物的辅证是我们以后必须补进的工作,这里暂时无法顾及。

> 《易》曰:"自天祐之,吉无不利。"子曰:"祐者助也,天之所助者顺也,人之所助者信也,履信思乎顺,又尚贤也,是以自天祐之,吉无不利也。"①

这是引大有卦上九爻以证之,是说《易》本身的,也是结说上文的。因为上文说到:

> 是故易有太极,是生两仪,两仪生四象,四象生八卦,八卦定吉凶,吉凶生大业。是故法象莫大乎天地;变通莫大乎四

---

① 王弼、韩康伯注,孔颖达疏:《周易正义·系辞上》,《十三经注疏》上册第82页。

时；悬象著明莫大乎日月；崇高莫大乎富贵；备物致用，立成器
以为天下利，莫大乎圣人；探赜索隐，钩深致远，以定天下之吉
凶，成天下之亹亹者，莫大乎著龟。是故天生神物，圣人则之；
天地变化，圣人效之；天垂象，见吉凶，圣人象之；河出图，洛出
书，圣人则之。《易》有四象，所以示也；系辞焉，所以告也；定
之以吉凶，所以断也。①

讲到著龟神物，《周礼》也讲到玉兆等内容，可见我们今天所能
见到的发掘出来的龟、玉等物的必然意义了。万物皆备于我，可以
算是天对人的一种祐助。备物致用，立成器为天下利，义理是通
的。卜筮是用来窥探隐微幽昧之理的，这样就形成一个连续环节，
即人在遵守天地自然法度的基则上来借用、成就一切，荀子讲的善
假于物也是这个意思。所以备物与用物也是对应的，备物在天，用
物在人，韩康伯说“位所以一天下之动而济万物”，我们无论从系辞
通论还是后人解释中看到的都是一个上限思维。从太极、两仪、四
象、八卦到天地、四时、日、月等，再到人事的吉凶、富贵、大业、成器
等等，形成一个连环。因此，用大有义来结说这一切是再合适不过
了。易理中越是这样没有余地的总说越简单，孔颖达提到几种对
四象的解释，有的认为是实象、假象、义象、用象，有的以为指七、
八、九、六，孔疏倾向于后者。重要的是象与辞的关系，因为象只负
责显示，辞则说出来明白地告诉人。

“大有，元亨”，卦辞如此简单，是因为大有则没有多少可说的

---

① 王弼、韩康伯注，孔颖达疏：《周易正义·系辞上》，《十三经注疏》上册第82页。

余地。象辞说:"火在天上,大有,君子以遏恶扬善,顺天休命。"①
案大有卦离上乾下,不说天在火下,而说火在天上,这是什么缘故
呢?除去取义的需要,不可能有别的目的。太阳就是火,日在天
上,无所不照耀,这本身即表示包含义。王弼说:"大有,包容之
象也,故遏恶扬善,成物之性,顺天休命,顺物之命。"②性命始终是
连带的。彖辞说:"大有,柔得尊位大中,而上下应之曰大有,其德
刚健而文明,应乎天而时行,是以元亨。"③六五爻处上体之中为尊
位,表人道,是大有卦唯一的阴爻,九二表人道为阳爻,上下都是阳
爻,是和谐相应的,并不冲突。从整个卦爻来看,大有是较温和的
一个卦,刚健应乾,文明应离,象、义上对得非常整齐。上九爻辞
说:"自天祐之,吉无不利。"象辞说:"大有上吉,自天祐也。"④孔颖
达的解释,牵合了《系辞》中履信思乎顺、尚贤等内容,虽然大有六
五说到信以发志,但上九爻的意思是极单纯的,因为处大有卦之
上,所以天祐之而主吉利,爻义与卦义无疑有一个配合联观的因
素。应该说,上爻主吉而不高亢有悔是比较难得的,因为一般处最
上位天道都有不同程度的风险。《周易》卦系中,大有是比较简单
的一卦。

　　柔得尊位而大有,这是偏仁道的思维,但问题并不限于此。从
历史人文来观看,是否也有一种大有的因素呢?就像传统上人们
所认为的,圣道大备,以后只是践行使用的问题。中国的历史社会
由于它的简单性,备体是容易的。因为纵观它的历史,我们经常会

感觉到那只是对前代法则的不同的验证,尤其是先秦时代,对近现代总有一种极其直露的预言性,而且直至现下,这种预言性还有增无减。因此它就向我们提出了一个问题:人文只可能有哪些种可能、或然(古人称之为或性的东西)？这些或然的可能一旦配齐,是否即是历史地大有了呢？人类人文的形态可能性,是可以借助、通过简单的算术概率计算出来的,完全可以予以罗列。那么以前我们印象地以为这里面有一些无限的可能性,显然是思考上受了蒙蔽的缘故,其实是不真实也不可靠的。因为人类生活不可能只是一千年、一万年,而是要以大时间单位为目标,只要人类能存在下去。但是,形态规定的可能性却是有限的。人类社会的构成根本不可能有无限多的形态,基本的东西总是就那么一些,因此人文日用生活还是要建立在重复的基础上,重复是生活的必然和基调。至于说这重复的生活中会努力注入如何多的新鲜内容而使它变得多姿多彩,比如技术工艺的进步、食货的发展、宇宙空间的开发等等,那些只属于用的部分,人类生活之体永远是简单的、抱一的。因此,所谓的大有者,如果不作体用的审视划分,那么就是笼统的、不清晰的,是人心希望可能的无限性,而不是这个世界真有什么无限性。所以,如果用有是大有的话,那么这大有也一定只是作为体有的易有派生出来的。中国历史的格局实际上就是这样去展开的,基本的原理和指导在先秦时代大体上都提供了,成熟齐备了,以后的历史社会只是根据它的情况与具体需要阴阳地去择用、选用而已。但是中国的历史社会不稳定,分争的时间较和平强盛的时间长,所以统一稳定的思想特别发达。历史社会的成功与否,就取决于多大程度地贴近、兑现前人提供、给出的法则,这就是它的基本过程。如果以虚妄的变动为上进,必然会如地球脱离太阳的影响力，盲目飘逸出去。因此人类社会的变，也必将是大重复框架下的具体重复分殊，只能如此。外在不同的历史律吕位置，其幸运是不一样的。

《帝王世纪》中说："庖牺作八卦，神农重之为六十四卦，黄帝、尧、舜引而申之，分为二易。至夏人因炎帝曰'连山'，殷人因黄帝曰'归藏'，文王广六十四卦，著九六之爻，谓之'周易'。"①古人的说法因为重师法传承，所以常常是有据的。如果是这样，那么易卦的进展就有三个明显的阶段划分，即在庖牺时还是非常宏观地观象，观天地雷风水火泽山等自然大象；到神农义理转深开始重卦，但仍然是大的宏观的对整体卦的观义认取；至文王乃细密到每一爻义，这是彻底进入微观深赜的标志。这是一种猜想，因为不一定只是到了文王才专重爻义，但《帝王世纪》的分段说法给出了一个模式，这个模式却是合乎自然演进之理的。《易》在最初很可能只是宏观而大处地看卦象，观爻象的发达应该是经历有一个过程的。文王向来心思深密，所以他玩《易》入微肯定在历史中是要胜出一般常人的，只是这一段故事的情节我们未必能实证还原罢了。另外《帝王世纪》还说："伏羲氏仰观象于天，俯观法于地，观鸟兽之文与地之宜，近取诸身，远取诸物，于是造书契以代结绳之政，画八卦以通神明之德，以类万物之情，所以六气、六府、五藏、五行、阴阳、四时、水火升降，得以有象。百病之理，得以有类。乃尝味百药而制九针，以极夭枉焉。"②现存《黄帝内经》医书，全体贯穿在阴阳之上，看来与易理阴阳一是有同缘关系的，医道近取诸身，也是当然

① 皇甫谧撰，徐宗元辑：《帝王世纪辑存》第8—9页。
② 皇甫谧撰，徐宗元辑：《帝王世纪辑存》第4—5页。

之事,足征人文渐次积累而成,非一朝一夕蹴就,即便现存的文本不是原来的,但思理未使不是固有的。

谦

大有也是积成的,万法出于自然,说穿了也只是一个阴阳中和。《系辞》中所载对具体卦爻义的发挥其实有通论的作用,大体上是关于个体的人怎样处世行事的阴阳技术的。比如说:"劳谦,君子有终,吉。子曰:'劳而不伐,有功而不德,厚之至也,语以其功下人者也。德言盛,礼言恭,谦也者,致恭以存其位者也。'"①这是引谦卦九三来说义,另外还引了大过、节、解等卦的爻义来说。可以断无疑义地说,自古中国就有一种为人学,这是其人文的特别标志,这里面包含上到帝王、下至邻里如何处之的内容。就像太极拳是技击上的阴阳,借助日用中的诸多实例,我们可以很好地理会、说明经典中的内容,这就是全息性。如《论语》中讲的学而时习之,学拳就是这样,光学会了打拳还不行,还须无止尽地练功、练习,日积月累,功夫加深,水到渠成,用一分功有一分收益,是成正比的。读书思考也同此理,重心都在行,否则学无意义,习决定一切。所以,有时候经典本身显得像一部人事学拳谱,这是毫不夸张的,如孔子教人为事要密,就是极好的例子。一条规则就如一个拳式,密也是需要锻炼的。所以古人写在书中的,总是直奔事情的本质,它太不好看,太实际,却是对的,所以今天甚感疏离,也就不足为怪了。正如老子所言,信言与美言是成南北的,而丑话思想更为

---

①　王弼、韩康伯注,孔颖达疏:《周易正义·系辞上》,《十三经注疏》上册第79页。

可靠。

通常，我们只要了解了卦义，对《易》就完全可以把握，而且这里面的附会风险小，是最重要的。《帝王世纪》中讲的分期情况，支持了我们的这一态度。但是，在行有余力的情况下进求每一爻义，也是无可指责的。只是有必要说明，爻义的成熟，三百八十四爻，每一爻的先后肯定是有参差的，因为爻与他爻，与该卦，与应事之间的磨合，必须有一个相当的过程，这不是人的意愿可以随便控制的。我们不可能把每一爻都发挥、都讲到，这也没有必要，因为爻的变动都不会超出统一体例，我们只集中看经典中谈到的就可以了。

谦卦云："谦，亨，君子有终。"象辞说："地中有山，谦，君子以哀多益寡，称物平施。"①谦退之卦，必主亨通，做人行事取下的道理，也无须赘说。老子说，天下莫不知而莫能行，行是人文主要的问题。孔颖达说："谦为诸行之善，是善之最极。"②因为主谦退，不为物首，不居事先而干预之，所以元利贞都不说了。但经验中行谦道是必然通达吉利的，所以谦卦只云"君子有终"，大体上是说坚持不要中途而废的意思，所以性德之维续也是从健这一体例的。物象取山与地，山高地平，自然不等齐，所以在谦卦中含有均平的思想。象辞说："谦亨，天道下济而光明，地道卑而上行，天道亏盈而益谦，地道变盈而流谦，鬼神害盈而福谦，人道恶盈而好谦，谦尊而光，卑而不可踰，君子之终也。"③盈与谦是整齐的阴阳组对，文中所表达

---

①　王弼、韩康伯注，孔颖达疏：《周易正义·谦卦》，《十三经注疏》上册第30—31页。

②　王弼、韩康伯注，孔颖达疏：《周易正义·谦卦》，《十三经注疏》上册第30页。

③　王弼、韩康伯注，孔颖达疏：《周易正义·谦卦》，《十三经注疏》上册第31页。

的明白展示了从天象、地理、人事取谦义的过程,是名学取予极好的例子。它表明取予有两种情况:一是从一个事物对象上可以取出很多义,形成一个集合;另一种情况是从很多对象上取出一个义,而这些对象可以组成一个集合,所以取予是情况交织的。所谓取,就是拿出;所谓予,就是给进。通常是取易予难,正与断有易、断无难相似。日月食属天象,盈亏是最明显的。丘陵川谷,地势高低的不平,水流就下,与日、月盈必亏一样,都向人显示不满就下的好处与可取。在《老子》中,我们可以看到完全相同的思维过程。日、月、星都是往下照耀的,这是天道的就下,物象既然也说明谦道的可取,人事更应如此。因为人性都是好争斗的,喜欢凌压别人一头,因此也必然喜欢他人自下于己,由此来看,与其说谦是一种涵养修为,不如说是对人性的利用与随顺。因为谦卦所表达的已不是自由选择,而是务必照行,这是以利害为道德的典型例子。老子说圣人无常心,以百姓心为心。自我无心而以人心为心,是华文化特有的手段,它的是非是其次的,其实效是主要的。

九三说"劳谦君子,有终吉",象辞说"劳谦君子,万民服也"。[1]正说明以人心为心的效果。因为谦卦只有九三是阳爻,其余都是阴爻,因此九三便在全卦中居有一种显要的地位,《正义》说象征万民都来归服,以至于到了疲于接待的地步。其实每到这时候,我们都会自然产生一些疑问,即对任何一爻的解说,怎么就能肯定它是趋于好或坏的一面意思,而不是相反呢?比如这里一卦五阴一阳,我们为什么不可以理会确定为孤立失助呢?为什么就要定为群阴向阳呢?是否因为九三在谦卦中的位置?比如居上体还是下体,

---

① 王弼、韩康伯注,孔颖达疏:《周易正义·谦卦》,《十三经注疏》上册第 31 页。

居天道还是地道、人道等等。由此，如果仔细推究，我们在一般道理上可以得到两点：一是通过占卦与事实结果的应验磨合，再就是具体一爻在整体卦义中的定位。比如说谦卦主退让，那么其爻就不可能缺乏积极的定性，这是一种理解可能。谦卦讲的是接人之道，有功而不自伐，人众就容易来应。如果我们还记得上代群邦共处的时代，诸国归心于谁，可能天下即以之为宗主。因此周以前的易代人文史，实际上都可以用谦卦去标示。我们可以肯定的是，谦卦绝不是如文面那样轻描淡写的，《杂卦》说"谦轻"，实际上谦所体含的是上代取国之道，这才是最主要的。因为各卦都是关乎王事的，老子说：大国者下流，以无事取天下。正可以验证。"致恭以存其位"，说明与为政的关系。可以注意的是，孔子只说到恭，并没有说敬，因为敬是心里的，而恭是貌上的，但是礼只在外表上讲，并未深及内心，这并不是无意的，而是表现了一种明白的态度，即礼制只考虑人的遵守照行，并不关心和强求各人的看法。

　　谦卦是关乎取天下的，这一层可以从《系辞》下文紧接的一义来证实，即亢龙有悔。子曰："贵而无位，高而无民，贤人在下位而无辅，是以动而有悔也。"[1]这是典型的德位思想的表述，在中国的历史社会中，无位与无辅总是连带在一起的，因此无位也就意味着无功和不能实现的痛苦。我们只要记得历史中关于孔子的争论，就可以明白华文化的心思。一种说法是孔子有德无位，只是素王，因此他只能把自己的思想留下来作为未来的指导，而不可能自己去实现圣人之治的理想了。另一种意见则以为，孔子岂是那种阴谋觊觎高位的人，所以后来人对孔子的说法是一些蓄意的讹传。

---

　　① 　王弼、韩康伯注，孔颖达疏：《周易正义·乾卦》，《十三经注疏》上册第16页。

不论这两执的意见如何确定，事情本身已不重要了，因为历史人文的核心意思及基本可能我们已经掌握了。即使前人的说解有什么顾虑保留，也只是出于政治秩序上的利害得失的担心考虑，毕竟僭越是历史政治中最大的风险。但是我们可以清楚地看到，孔子与他的学生，确实包括了各种类型的政治人才，发为事功的也不少。因此，卦与人文的关系，书面以下是活生生的事实内容。可以说，中国在以后经历的一切历史政治形态都是必然的。这就像六书法皆出于自然一样，有一个先后派生的顺序，政治上的办法也有一个先后顺序的衍生过程。各卦的生衍也包含有人文序列问题。

豫

子曰："知几其神乎，君子上交不谄，下交不渎，其知几乎。几者动之微，吉之先见者也。君子见几而作，不俟终日，《易》曰：'介于石，不终日，贞吉。'介如石焉，宁用终日，断可识矣。君子知微知彰，知柔知刚，万夫之望。"①

这是引豫卦六二说义，从人文卦序上来说，"重门击柝，以待暴客，盖取诸豫"，②可见预防之意是其核心。从"不俟终日"我们也可以看到，孔子周游列国，急于见用，是与他的认同一致的。只是对事几的把握关系到个人的吉凶，因此技巧与原则的关系是必须参究清楚的。我们在对历史人文的考察中，两者经常混淆。

---

① 王弼、韩康伯注，孔颖达疏：《周易正义·系辞下》，《十三经注疏》上册第88页。
② 王弼、韩康伯注，孔颖达疏：《周易正义·系辞下》，《十三经注疏》上册第87页。

　　关于重门击柝以下的解释，李鼎祚《周易集解》讲得具体一些。干宝曰："卒暴之客，为奸寇也。"[①]柝就是打更用的梆子。《九家易》说："下有艮象。从外示之，震复为艮。两艮对合，重门之象也。柝者，两木相击以行夜也。艮为手、为小木、又为上持。震为足，又为木、为行。坤为夜。即手持柝木夜行，击门之象也。坎为盗暴、水暴长无常，故以待暴客。既有不虞之备，故取诸豫矣。"[②]汉代人的学风都是很质实的，所以解释也非常实。但是这样实的附会，即使疏通了又有多大的意义呢？确实，观象是《易》的基本内容，但观象也是有一定法度的，本来已经符号化的卦，却非要从上面来取出具体的形象，的确任何人都会很自然地觉得勉强，这是不大可靠的，有倒退回去之嫌，我们也不需要这样去坐实，事情总有一定的限度。但是也说明了一点，打更的习惯一直延续到近代，而这一习惯历史中很早就有了，它出于预防的指导思想。虽然是生活场景、画面，但它要说明的是历史中的行为起源，而不是事物来源。不是要讲门闩、梆子是怎样发明的，是要讲打更是为什么制定的，所以最终还是人文的意思。通常，在一个卦的六爻当中，我们进行穿插组合，可以得出很多的卦和象来。比如豫卦当中，九四爻、六三爻、六二爻可以合成一个艮卦，六五爻、九四爻、六三爻可以合成一个坎卦，所谓互体、卦变等等，其实都是爻当中的游戏。这些游戏如果过度助长，必然会影响卦的整体，因为那样我们就可以任意地从一卦中附会出我们想要、想成立的意思和理由。当然，这样说并不表示我们对古人的否定，因为对古事我们可以不提，但必须遵守断

---

　　①　李鼎祚：《周易集解》第 455 页。
　　②　李鼎祚：《周易集解》第 456 页。

有不断无的原则。游戏一词,也是作中性词使用的。我们将古人的东西展示出来,只是求得一种感性的认识与参考,并不表明什么意见。

豫卦说:"豫,利建侯行师。"象辞说:"雷出地奋,豫,先王以作乐崇德,殷荐之上帝,以配祖考。"①《正义》从逸豫解释豫卦,《序卦》说"有大而能谦必豫",②《杂卦》说"谦轻而豫怠也",③应该是这样的。所以豫卦不言元亨利贞,因为逸豫之道不可长用之,参照易书忧患之义,对比是相当鲜明的。但是,如果人文总是在危机和死亡线上挣扎,那么忧患的意义又能兑现几何呢? 豫卦震上坤下,所以从物象上有雷出地上之说,《正义》云:"雷是阳气之声,奋是震动之状,雷既出地,震动万物,被阳气而生,各皆逸豫,故曰'雷出地奋,豫'也。"④雷是阳性的,春天打雷,万物复苏,就物象上说,应是春天令人愉悦的景象,这是豫卦的自然之象。正史中常常有冬雷的记载,大概古人重视物候,是因为有阴阳是否中和乖戾的观念,自然与人治虽然有物与事之分,但在阴阳性上是如一的。雷因为显而易见,所以容易引申出礼乐祭祀方面的命义。《正义》说:"雷是鼓动,故先王法此鼓动而作乐崇盛德业,乐以发扬盛德故也。……用此殷盛之乐,荐祭上帝也,象雷出地而向天也。以配祖考者,谓以祖考配上帝,用祖用考,若周夏正郊天配灵威仰,以祖后稷配也,配祀明堂五方之帝,以考文王也。"⑤

---

① 王弼、韩康伯注,孔颖达疏:《周易正义·豫卦》,《十三经注疏》上册第31页。
② 王弼、韩康伯注,孔颖达疏:《周易正义·序卦》,《十三经注疏》上册第95页。
③ 王弼、韩康伯注,孔颖达疏:《周易正义·杂卦》,《十三经注疏》上册第98页。
④ 王弼、韩康伯注,孔颖达疏:《周易正义·豫卦》,《十三经注疏》上册第31—32页。
⑤ 王弼、韩康伯注,孔颖达疏:《周易正义·豫卦》,《十三经注疏》上册第32页。

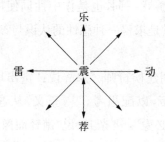

以雷来说乐,可征古代的乐有非常盛大的一面,这从出土的编钟也可以验证。古代人说,闻雷霆不为耳聪,日月之视不为目明,因其显而易见的缘故,所以古人设教也喜欢取天下共见的立义。卦中自然物象与人事之象的关系常基于这样的道理。宾于帝、配上帝是古代人的习惯,并不陌生。

象辞说:"豫,刚应而志行,顺以动,豫。豫顺以动,故天地如之,而况建侯行师乎,天地以顺动,故日月不过,而四时不忒,圣人以顺动,则刑罚清而民服,豫之时义大矣哉。"①古代思想,并不是说它的文面有多少含量,而是要看它的发用有多广,这就是体用性区别。比如卦义,每一卦都能引射出(如上图)许多义项,而形成一个自然集合,这就如三十辐共一毂的情形,辐辏共毂是中土思维中的基本体例,《说卦》中的卦与象充分展示了这一点。比如古代汉语的字词,其词性都是多重的,每一个名词(字)也都可以作动词(字)使用。好比人字,是名词性的,"人其人",就作动词用了。牛是名词性的,"牛之"就是动词性的了。它的意思可以灵活地意会。诸如此类,都说明汉语的词性都是辐射型的,许多治国学的人经常感到困惑费解,还是没有把人文的体例摸清楚的缘故。当然,考虑

---

① 王弼、韩康伯注,孔颖达疏:《周易正义·豫卦》,《十三经注疏》上册第31页。

到语言使用的通顺，别拗的用法是极少的，但语法上是另一回事。由此，我们再看每一卦的义理时就省便了。比如豫卦，震上坤下，坤而震，显然辐射共毂地相应出顺以动等义项，这就是举反类通。所以中土思维是一种标准的类思维，类就是辐毂。掌握了这一点，任何历史学问门类都可以畅通，所以中国的历史学问是最现成的百科学问，历来有那么多的通人也就不足为怪了，因为他们只不过是按照体例去做。只是各门学问必须扩而充之，才能发生宏伟的效果，这是一个远近的问题。

"刚应而志行"，是说九四与初六相应，初六、九四都是地道，上下体不同，初六志穷，九四志大行，对比明显。天地顺动、圣人顺动，也都是从顺动上引出来的，辐射共毂是无时不在的。我们总说相应、对应、疏分、分殊，其实这背后的基本格式，都可以从三十辐共一毂的图像上得出来，这本身就是一个观象取义。天体运行顺利，合乎规律，四时就不会紊乱；人道运作顺利，各方面的治理都会清明有序。刑罚行师不过是举两个例子，因为行师是对外的，而刑罚是安内的。

六二说："介于石，不终日，贞吉。"象辞说："不终日贞吉，以中正也。"①意思是说干脆耿介得像石头一样，看见恶事即能离去，不稍加等待，中心立义就是要知几。对事几的把握，表达了人性的原始欲望，人对模糊的未来，总有一种预知控制欲，占卜的起源，即来自这种事功的推动。《正义》对"上交不谄""下交不渎"的解释不是从日用人事去进行的，却是从形上之道与形下之器去展开的，可见看上去具体的事情，可能常常填进了义理的发挥，这一点须留意。

---

① 王弼、韩康伯注，孔颖达疏：《周易正义·豫卦》，《十三经注疏》上册第 32 页。

虽然占卦有"再三渎,渎则不告"的讲究,大概不渎还是一个正心的意思,因为人心人性一味求吉趋吉,容易流于诡渎。《正义》说:"能无诡渎,知几穷理者乎?"①人对未来的知识,永远只能是经验的,衡量知识上的可靠准度就在于经验概率的大小,因此所谓先见者其实只是一个轻重。孔子说"断可识矣",其实真正断可识的只是阴阳。看上去复杂的万事,实际上都有一定的可循之理,正是在这个理的轨道上,我们能够从事的开端截然判断、断定它的终局。就像从上海发往北京的火车,中途会经历哪些地方也能知道。因为事理通常只有几种简单的可能,所以通过阴阳换算,一般都能推知。这样,事情的过程,实际上可以纳入流动的监控选择中。而且,即使事情及结果降临,也仍然要取决于人的对待。知几是一种人文性格习惯,它与前定学说相统一,是全息的。比如中医学重预防,就是最好的例子。但事情分阴阳面,不可能总是高效经济的。像孔子诛少正卯,大概也与此等思维有关。

逸豫设介于石、知几之义,大概是怕豫乐使人软化,所以预防之。这说明中国的思想习惯十分看重事功得失,而且总希望兼得事情的好的一边,它的性格好像是来回拉扯反复权衡的,实际上都只是一个阴阳的摆动。就像我们前文提到过的饮食学,总是要避开毒性的半边,发扬那营养的半边,因此饮食学的翻覆无论多么复杂都离不开阴阳性的控制。人事统体上也是个阴阳链,无论它多么繁复,都可以简易为单个的分阴分阳,一下予以确定、固定。阴阳分殊,与辐射共毂,是中土思维的基本体例。比如直到现在还保留的道门丹医材料中,丹药的治疗使用必须配合引药,一种主要的

---

① 王弼、韩康伯注,孔颖达疏:《周易正义·系辞下》,《十三经注疏》上册第88页。

丹药配合不同的引药，便能治疗各种不同的疾病，中医里这种特征鲜明的思路、方法不仅事实有效，而且典范地说明了共毂思维（如图）。华文化的重心，与其说放在它的体，不如说放在它的用，因为它的体实在是太简单了，并没有多少可说的余地，但是用上面表现出来的奇妙却可以是广阔的。比如古代墨家精通机械，据说能够造三寸小车，装很多石的重物，但《墨辩》确实保存了许多知识资料，如墨家作的圆与直的总结。机械确实都可以归结为圆与直，这也是一组阴阳，无论方与三角都是直。古代中国使用的机械很多都是水机，充分利用水的功用，其效率虽然比不上现在的电机，但一切能予以利用的现成的资源却在工艺技术中烂熟饱和了，这一方面也能说明传统人文的实学性格，像武学中核心的方法表现在杠杆与球体，也说明了圆与直的本质地位。

随

《系辞》说："服牛乘马，引重致远，以利天下，盖取诸随。"[①]虞翻说："否上之初也。否乾为马、为远，坤为牛、为重。坤初之上为引重，乾上之初为致远。艮为背，巽为股。在马上，故乘马。巽为绳。绳束缚物，在牛背上，故服牛。出否之随，引重致远，以利天下，故取诸随。"[②]这种解释，完全是具体形象化的解释和生套，这种理路当然是有问题的，尽管是从很古流传下来，却让人很不放心。否卦是乾上坤下，否卦与随卦对照，否卦上爻是上九，随卦上

①　王弼、韩康伯注，孔颖达疏：《周易正义·系辞下》，《十三经注疏》上册第87页。
②　李鼎祚：《周易集解》第455页。

爻是上六,否卦初爻是初六,随卦初爻是初九,将随卦初上爻掉换就成否卦,将否卦初上爻掉换就成随卦。否随两卦的三、四、五爻成巽卦,二、三、四爻成艮卦,这些就是所谓卦变与互体。《正义》的解释非常简单,就是随宜,人对物的使用是随宜的。牛与马成为牲畜,供人驾御耕作,正像荀子讲的,"万物同宇而异体,无宜而有用为人",无宜应该就是随宜的意思。随卦云:"随,元亨,利贞,无咎。"①随顺之义是随卦的基本立义,为什么说无宜就是随宜呢?因为无与随都主有一个不一定、不拘滞的意思,不定是华文化很突出的一个性格,像老子说圣人无常心,以百姓心为心,这就是无心与随心的关系,所以随卦以及许多卦,与道家的思路是相通的,从中我们也可以拎出中土思维的一般句型与格式(无与随就是一例)。但是一味随顺,又可能流于邪僻,正像《正义》说的:"以苟相从,涉于朋党,以恶相随,则不可也。"②这就明白无误地展现了一个易卦体例,即"一阴一阳之谓道,继之者善也"。我们在很多卦中,都能直接看到贞正的强调,说穿了无非是去恶求善,因为易变是中性的阴阳,故求善只能落实在人这一边,这就是继善模式,其表现迹象就是贞这些字眼。

象辞说:"泽中有雷,随,君子以向晦入宴息。"③从自然物象来说,泽中有雷不太好理会,不知道是否属于假象。但泽中生物聚物却是真的。从晦息这样的字面解说我们能看到什么呢? 老子说过:"其政闷闷,其民淳淳;其政察察,其民缺缺。"注疏中说到"可以

---

① 王弼、韩康伯注,孔颖达疏:《周易正义·随卦》,《十三经注疏》上册第34页。
② 同上。
③ 同上。

无为,不劳明鉴",①正应此义。韩非子讲过,苛察政治,细如米盐。但是人至察则无徒,明鉴秋毫的统死的习惯,细到老百姓的针头线脑都管,反而国民什么都奇缺。所以,只有疏而不失的治理,似乎什么都暗昧不知道,国人得到方便的机会,才能百事齐备。中国古代经济与政治的治理,遵守这条规则效果就好,反之就坏。而且永远都是如此。彖辞说:"随,刚来而下柔,动而说,随,大亨贞无咎,而天下随时,随时之义大矣哉。"②随卦兑上震下,根据体例代换,所以说动而说。但随是有时位的限制的,当随从的时候才随,比如汉景帝时七王之乱,楚王刘戊跟着为乱,卒至灭亡,就是不当随而随之的例子。

<h2 style="text-align:center">噬 嗑</h2>

> 子曰:"小人不耻不仁,不畏不义,不见利不动,不威不惩,小惩而大诫,此小人之福也。《易》曰'履校灭趾无咎',此之谓也。善不积不足以成名,恶不积不足以灭身,小人以小善为无益,而弗为也,以小恶为无伤,而弗去也,故恶积而不可掩,罪大而不可解,《易》曰:'何校灭耳,凶。'"③

这是引噬嗑卦初九、上九爻说义,与其说是谈道德,不如说是讲利害,以利害代道德的消息我们是可以经常见到的。老子说为

---

①　王弼、韩康伯注,孔颖达疏:《周易正义·随卦》,《十三经注疏》上册第 34 页。

②　同上。

③　王弼、韩康伯注,孔颖达疏:《周易正义·系辞下》,《十三经注疏》上册第88页。

大于其细,积渐之理,在坤卦中已明言无遗。很明白,孔子认为小人都是不自觉的,所以孔子绝不会是一个性善论者。《正义》说:"以初九居无位之地,是受刑者,以处卦初,其过未深";"上九处断狱之终,是罪之深极者"。[①] 积渐本身是中性的,不会考虑善恶,择善是人的事情。噬嗑卦说:"噬嗑,亨,利用狱。"[②]可见此卦是与刑法有关的。但是《系辞》中不是这样说,而是认为与原始商业经济有关系。《系辞》云:"日中为市,致天下之民,聚天下之货,交易而退,各得其所,盖取诸噬嗑。"刑学与经济之学的同异是无须赘言的,这是一条极为重要的消息,它说明了什么呢? 它说明卦辞的内容也是不一定的,这就证实了我们以前的一种想法、猜测,即易卦的内容是约定的,而不是既定的。无论原始经济的交易,还是古代的刑狱,它们都还只是各殊,是各个不同的具体。那么,连接在它们中间的一般类是什么呢? 显然可以更上推到一个共别级阶,具体说就是合这一个意思。因为从物象上来讲,牙齿的上下咬合可以直接显示合义。这样我们今后就完全可以有把握地认定,卦不可剥落的也就是它最一般的,至于各卦具体的内容都与人为观卦有关,是不一定的。这又让我们想到占卦的事情,占得一卦后,观卦必然地会与结果事实互相参考,经过长期的历史打磨,约定出基本的卦爻内容。而从卦符本身所透露的形式来看,似乎无论如何观之都是可以圆出一个意思来的。这样,上面我们所说的这些,实际上就反映了《易》最根本的特质。

　　孔颖达《正义》讲到一些人文史消息,很有参考价值。案古人

---

　　① 王弼、韩康伯注,孔颖达疏:《周易正义·系辞下》,《十三经注疏》上册第88页。
　　② 王弼、韩康伯注,孔颖达疏:《周易正义·噬嗑卦》,《十三经注疏》上册第37页。

制器益用,交易由此而生,这是人文衍生的自然之序,有了富余,便可以互换。《帝王世纪》说:"包牺氏风姓也,母曰华胥,燧人之世有大人迹出于雷泽,华胥履之而生包牺。长于成纪,蛇身人首,有圣德,取牺牲以充包厨,故号曰包牺氏。后世音谬,故或谓之伏牺。"①这就讲得十分清楚,而且不是没有根据的,因为汉人很重师法传承,为学尚质。汉《风俗通》曾讲过各种讹传的由来与成因,在人文研究上极有参考价值。所谓蛇身人首者,可能只是古代人崇拜蛇的纹身或纹饰之类,我们很难想象会真的有蛇的身子。"包牺氏没,女娲氏代立为女皇,亦风姓也。"②这可见我们前面关于母系的混杂的猜测是可能的,从风姓、从雷泽等项目我们也可以想见八纯卦中之雷风山泽诸象有重要的人文地位,皆不是出于偶然的。古人之氏可能与他一生所从事、做的事情有关系。但这只是一种情况,还有其他纷繁的情况,比如生长地域,或者接受封号等等,是不一定的。系辞通论经常讲的事业,或者礼学中讲到的某某以某德王、泽被天下,等等,都可以联观。包牺以牺牲充庖厨,在人文生活史上大概富有原创的意义,更应以本人的业绩、事业接受后人的祭祀,这些都是统一的。大概举凡肇始都应该享受后人的祭祀,祭礼永远不是无谓的。从祭祀的类、事类内容就可以知道,那都是对前代原始人文的一种确认和追记,是关于各个开端的谱系,正如名必须正一样,始也是必须正的,所以祭祀本身就是历史,从这一点我们完全可以说万法皆史。虞翻说:"否五之初也。离象正上,故称日中也。震为足,艮为径路,震又为大涂,否乾为天,坤为民,致

①　皇甫谧撰,徐宗元辑:《帝王世纪辑存》第2页。
②　同上。

天下民之象也。坎水艮山，群珍所出，聚天下货之象也。震升坎降，交易而退，各得其所。噬嗑，食也。市井交易，饮食之道也，故取诸此也。"①这还是用卦变、互体的手法取出离、震、艮、坎等象，我们只了解就可以了，不必拘泥。

《正义》说："此卦之名，假借口象以为义，以喻刑法也。"②刑法都是锋利如刀的，牙齿上下咬齐切割正可以形象地比喻用刑。象辞说："雷电噬嗑，先王以明罚敕法。"③卦取口象，但是雷电与口无关，这如何协调呢？噬嗑卦离上震下，雷火之象，所以雷电还应该算是本义，口象倒要想一想是怎么回事。《正义》说欲取可畏之义，大概原始情况是这样的。象辞说："颐中有物，曰噬嗑，噬嗑而亨，刚柔分动而明，雷电合而章，柔得中而上行，虽不当位，利用狱也。"④这里中心意思很分明，取口象大概是因为牙齿上下相合，能传达上下分明之义，因为用刑显然是上对下的一种举措，这样义理就通顺了。实际上，古人怎样占卦，这对我们来说不是最重要的，因为把握了阴阳的原理和类通的体例，对未来的事情我们可以很轻易地推算。比如一个身体内亏的人，他还是动个不停，我们就知道他必死无疑，这是用不着算卦的。因为内亏是操劳所致，继续阳动，无阴以断之，结果是显然的。诸如此类，凡事都可以用阴阳推算知道。人们以为很深奥的东西，其实只是微观研究。比如天上打雷下雨，这是宏观易见的，阴阳相击，便生雷电。那么，我们遇冷打喷嚏，是不是发生在人体上的同理构的事情呢？按照人天对应

① 李鼎祚：《周易集解》第454页。
② 王弼、韩康伯注，孔颖达疏：《周易正义·噬嗑卦》，《十三经注疏》上册第37页。
③ 同上。
④ 同上。

的原理，冷热阴阳的变动造成打喷嚏，天上打雷下雨是带电的，那么同理推之，人打喷嚏也应该是带电的，只是要把这些电测出来是个细致的活儿。所以，很多物理都可以通过阴阳推出来。比如古人说食姜损智，现代生理学研究以后表明，生姜吃多了对人的智力有影响。借助化学手段研究的人并不知道古代人有这些知识，而结果是相合的，这就说明古人一定有另一套得知手段。所以知识体系与思维系统是多套的，而前人得知的方法更简单容易，也更本质，这就是阴阳推算。物性都可以归阴归阳，那么物理结果也就可以顺利而知了。生姜与人脑之间的作用关系、影响，一定是有一个分阴分阳的医理基础的。这只是举几个例子，万事万物在古人眼里都只是阴阳的实例，是阴阳的例子。

　　法象作为阴阳实例，在人文初始就这样认为，不过早期的显得原始，不如后来成熟罢了。初九与上九似乎有着对比性。初九爻说："初九，履校灭趾，无咎。"象曰："履校灭趾，不行也。"①其中的意思是说，最初的惩戒轻，以免人以后再有过犯，可以起一个提醒预警的作用。古代无论多么开明的政治，肉刑都是免不了的，我们不知道是只有类似今天脚镣的刑具，还是也有截去脚趾的酷刑。总之，中土人文是刑杀性颇强的一种人文，就像子产的思想，认为从严则民不敢犯，反倒安全。这就像水跟火，人害怕火，所以烧死的少，人狎戏水，所以溺死的多。初九象征刑初，所以很轻。上九说："上九，何校灭耳，凶。"象曰："何校灭耳，聪不明也。"②这就是说刑罚惩戒上到了头部，看来已是无可挽回了。古代的极刑当然

---

①　王弼、韩康伯注，孔颖达疏：《周易正义·噬嗑卦》，《十三经注疏》上册第37页。
②　同上。

是斩首,但削耳朵割鼻子挖眼睛各种名堂也不少,都是惨无人道的。从脚到头,逐级惩罚升格,卦爻象确实也显得非常整齐。刑治思想虽然是从上到下的权威作派,但也是人文史必然的过程,开明与文明是奋斗来的,不是现成的,原始早期只能更多地考虑有效性。

大　过

　　"初六,藉用白茅,无咎。"子曰:"苟错诸地而可矣,藉之用茅,何咎之有,慎之至也。夫茅之为物薄,而用可重也,慎斯术也以往,其无所失矣。"①

　　这是引大过初六说义。案:"古之葬者,厚衣之以薪,葬之中野,不封不树,丧期无数,后世圣人易之以棺椁,盖取诸大过。"②为什么丧事在人文史中会与大过联系在一起呢?《正义》解释大过是说取其过厚,"欲其甚大过厚"的意思。③ 这可见厚葬的心理是出于人的本性的,无论物质发展还处在多么原始的时代。那么丧礼的发达,一方面也是要加重丧事的重要性了。《正义》以为"厚衣之以薪、葬之中野"是在穴居结绳之后,这样来看其延流位置,从蒙满地区少数民族的丧葬习俗,比如用树皮包裹尸体等等,我们大致也能想见原始时代粗陋的条件。那时既不积土为坟,也不种树以标其处,丧期也是哀除则止,无日月限数的。棺与椁也不是一时配齐

---

　　①　王弼、韩康伯注,孔颖达疏:《周易正义·系辞上》,《十三经注疏》上册第79页。
　　②　王弼、韩康伯注,孔颖达疏:《周易正义·系辞下》,《十三经注疏》上册第87页。
　　③　同上。

的,也表现了人文叠加增益的情况。我们看礼制中对丧期有严格的限制,这与古代人哀期漫无收检可能很有关系。同时也不排除是为了强化某些东西。《正义》说:"明前后相代之义,不必确在一时,故九事上从黄帝,下称尧舜,连延不绝,更相增修也。"①这表明古人对人文断代也只能达到一定精确度,有许多事已很难细分了。但也可以看到一点,就是卦是起一个断代标志作用的,像黄帝尧舜一段以下,共叙说九事,皇甫谧认为九事皆为黄帝之功,孔颖达认为不合理,没有采用。我们只要了解用卦作人文断代这一点就行了。

卦辞曰:"大过,栋桡,利有攸往,亨。"象辞说:"泽灭木,大过,君子以独立不惧,遁世无闷。"②过是过越的意思,不是经过、过从的意思。大大地过越,因为是在衰乱患难之世,所以要过越常理地拯之。从利有攸往一事看,不知道是否与决定灭纣有关,因为如此过越之事,一定是非常具体而又不寻常的。栋就是房子的脊檩、正梁,架在屋的最上面,那么,它一定是比喻国家的最高层,栋出了问题,意味着国家可危,也有可乘之机。像梁、柱、板等构件受到外力时发生弯曲变形的程度,就是挠度。栋挠是以架栋的两头不稳、中间弯曲这一建筑上的比喻来说明当时国家的情况,但不确定具体是指文王这边还是纣。大过卦初上两爻阴,中间有四个阳爻,正是本末都弱之象,与栋挠所说恰恰可以相配合。从自然物象上来看,水淹过了树顶,这是大大过越之象(最下面初爻是阴爻,最上面上爻也是阴爻,中间四爻是阳爻,正象水漫过了树顶,树淹没在水

①　王弼、韩康伯注,孔颖达疏:《周易正义·系辞下》,《十三经注疏》上册第87页。
②　王弼、韩康伯注,孔颖达疏:《周易正义·大过卦》,《十三经注疏》上册第41页。

中之象）。所谓过越常分者,只有名分有着如此重要的意义,因此,大过卦必然有它隐晦的一面。独立不惧、遁世无闷,这些在《儒行》和乾卦中也都讲过,要看它有什么具体细节。彖辞说:"大过,大者过也,栋桡,本末弱也,刚过而中,巽而说行,利有攸往,乃亨。大过之时大矣哉。"①大过卦兑上巽下,兑为悦,巽为顺,所以说利有所往主亨通,因为顺而悦行的缘故。顺利快活,事情可成,当然是人生最高的享受。王弼说:"以此救难,难乃济也。"②易卦总在讲事情的成就性,由此看来,既济与未济乃是易卦的又一体例,是没有问题的。所以六十四卦以既济、未济两卦作结,是专门安排的。而既济是暂时的,未济永远是最终的归结,所以《易》是开口状的。

初六爻辞说:"初六,藉用白茅,无咎。"象辞说:"藉用白茅,柔在下也。"③初六阴爻,处在最下面,所以说柔在下也。无咎是因为谨慎,用洁白之茅奉事于上,恭谨以免于害。孔子说的"慎斯术也以往,其无所失矣",使人想起近代编定的《增广贤文》一书结尾讲的:"人能体此,万无一失。"虽然民间与圣门等级上在世俗心中有别(传统上),但其中的原理却是雷同的。而且民间社会的做法,只是来自上古某习惯的流变,即所谓道术是也。道术虽然有纷繁的很多项、条律,但都负责行无所失。《易》在孔子也是一种术的资源,《诗》《礼》等都是,道与术都是有实际效用的,两者是一体的,并没有质的分隔,不如说有体用的分工。这样就很自然地使我们想到华文化的一些性质,好像它的办法、方法是无穷的,就像老子讲的不绝如江河,左一个右一个。近现代人喜欢讲方法论,但是无论

---

① 王弼、韩康伯注,孔颖达疏:《周易正义·大过卦》,《十三经注疏》上册第41页。
② 同上。
③ 同上。

知识学问还是事功上并没有多少可行性高的办法，这样就形成某种鲜明对比。正如老子说的，反者道之动。有办法的，可能并不助长着意地讲方法，而信誓旦旦、煞有介事大谈方法的，可能是没有多少可行的办法拿得出来，而且任何一种方法都是有它的限制的，是有限度的。但是道术之名如果高上动听，却可以鼓动天下，言足以迁行，所以老子说美言不信，漂亮思想、美妙学说通常都对人类生活有损害。老子既然这样说，可见是自认己说绝不是漂亮学说，这些都充分表明，在先秦时代，学人对人文的基本实质就已经看透了。对前言往行漫不经心会有什么后果，是一目了然的。

复

所以人文是一个剥卦，无论前代在人文上有多么丰厚的积累，一旦有一代人绝弃不顾，人文即从零或者负数开始。因此，人类人文广阔辽远的阴暗前景和缺少希望使我们认识到无论怎样努力地营建堆积，都是没有价值和意义的。朱子早已经看到了这一层，所以他说人文史就是退化史，山河大地陷了，理还在，他也只能说说理在，再无别法。但是剥尽复来，易卦系列中立有一个复卦，《系辞》说："子曰：颜氏之子，其殆庶几乎，有不善未尝不知，知之未尝复行也。《易》曰：'不远复，无祗悔，元吉。'"[1]相去不远而能及时回复，当然不会有大的不好。复卦说："复，亨，出入无疾，朋来无咎，反复其道，七日来复，利有攸往。"[2]七数在这里有一个象征意

---

[1]　王弼、韩康伯注，孔颖达疏：《周易正义·系辞下》，《十三经注疏》上册第88页。
[2]　王弼、韩康伯注，孔颖达疏：《周易正义·复卦》，《十三经注疏》上册第38页。

义,因为复卦初爻是阳爻,其余都是阴爻,这种符号情况正好与剥卦相对。剥卦上爻是阳爻,其余都为阴爻,取阴柔逼阳、阳刚不断被剥落之义。由此我们就可以得到一种理解或者观法,从初往上数,再回到初,正好是七数,七日来复肯定是包含有象征性的,这里面不仅有不远即回归的意思,还有不久即回归的意思,时间上与空间上的距离间隔都要考虑,而且两者是不能混淆的。象辞说:"雷在地中,复,先王以至日闭关,商旅不行,后不省方。"①复卦坤上震下,所以有雷在地中之说,这使我们想起明夷卦的情况:明入地中。但须问一问的是,雷在地中是实象还是假象呢? 是否物理上并无此象而纯属义理之象呢? 如果我们还记得二十四节气的划分,我们就会明白古代人对物候是有极精微的知情的,这大概与先人生活中长期野处,对地气的变化非常敏感有关。比如说春天打雷,意味着万物复苏,阳气出动;冬天主刑杀闭藏,阳气潜入于地中不萌动。而雷是阳气,冬天打雷,在史书中记录都属于记异,可见雷在地中,是古人特有的一种物理认识,并非虚妄。正如《正义》所解释的:"复谓反本,静为动本,冬至一阳生,是阳动用而阴复于静也;夏至一阴生是阴动用而阳复于静也。"②复卦一阳来复,可知虽复不深,这里面肯定包含对阴阳二气的人观因素,正像开春之初,阳气萌动于地而发用不深厚一样,其理是简单明了的。

　　阴阳二气的把握、归分,首先与古人对地气的感受、了解有关。我们可以很容易地看到,每一爻有阴阳两种变化,逐爻推移变易,六位一共可成十二变,来回往复、循环不穷,这正如四时季候随阴

① 王弼、韩康伯注,孔颖达疏:《周易正义·复卦》,《十三经注疏》上册第 39 页。
② 同上。

阳气的收放来回推移而变动一样,它是有节律的,正如太极推手反复来回的样子。象辞说:"复亨,刚反动而以顺行,是以出入无疾,朋来无咎,反复其道,七日来复,天行也,利有攸往,刚长也,复其见天地之心乎。"①前面说过,单从符号看,阳从初位开始剥落,到完全剥尽,又复归初位,其数正好是七,但这是一般地说。从原始情况看,可能与具体时间是紧扣的。王弼说:"阳气始剥尽至来复,时凡七日。"②阴阳气的消长,每天都有明白的迹象,比如白天阳气足,夜晚阴气重,只要有十二律吕性在,每天、每月、每年只是大小不同的刻度单位,所谓大十二律吕、小十二律吕,在无限多的时间长中,任何一段时间它的十二律吕性都是完整的。所以七日如此具体,是因为每日都有完整的阴阳节律。《正义》中讲到一种说法,五月一阴生至十一月一阳生凡七月,可见日与年月在节律性上只有大小单位的不同,自身完整性却是一样的。但是月较日为长,不如日那样紧扣速复之义,所以不称月。所有这些都只是天道运行之理,是自然的。从趋势上来论之,阳一旦来复,便不可能不进而伸、长,这就像有一个惯性,剥卦一旦剥便不可能止歇,也是这个道理。无论说刚反动而顺行,还是说刚长而利有所往,都是基于阳刚往上伸展、生长推进这一趋势来成立的。

值得注意的是《正义》对"复其见天地之心乎"的解释,关涉到心无、动静、物我等重要问题,动与静并非相对,而是阴阳的来回推移,就像剥复的来回那样。所以动与静的变动,简直可以用符号化的爻位来标示。这进一步地说明古代思想定位于阴阳性的理解,

① 王弼、韩康伯注,孔颖达疏:《周易正义·复卦》,《十三经注疏》上册第 39 页。
② 王弼、韩康伯注,孔颖达疏:《周易正义·复卦》,《十三经注疏》上册第 38 页。

否则解释容易错位。象辞中讲的"至日闭关""后不省方"也是法自然，取动息之义，指在冬至、夏至之日闭塞其关，不处理事务。方是事类的意思。《正义》说："天地非有主宰，何得有心，以人事之心托天地以示法尔。"①这就是说，人本身就是天地之心，此外再没有什么心了。《序卦》讲得十分明白：盈天地之间唯万物。这样，我们联观天道无亲、天地不仁、天之爱人也不若圣人之爱人也、天何言哉诸义，就完全可以知道心在华文化中的线索地位。由此说来，真正能够对宇宙起一种宰制作用的也就是人心。因此，人心之动直接影响物序关系。《正义》说："凡以无为心，则物我齐致，亲疏一等，则不害异类，彼此获宁。若其以有为心，则我之自我，不能普及于物，物之自物，不能普赖于我，物则被害，故未获具存也。"②人心与事物的关系首先是一种伦理关系，这一点很清楚，所以齐物论、物性和谐、等序名分诸种思想才会发达，这些似无必要赘言，因为它们已成为历史了。

"初九，不远复，无祗悔，元吉。"象曰："不远之复，以修身也。"③祗，大也，不远速复，过而能改，所以大吉。如果我们还记得孔子讲的君子不二过等等意思，我们就能理解复卦初九爻的意义。孔子谈到颜回，可见《易》在当时现实性是很强的，都能与实用相扣，绝非书面学问。在孔子的认识中，知几最上，其次能改。颜回在知几上还差了一点，但在能改这一点上却完全好，一旦知道以后，没有再重犯的。所以孔子引复卦初爻之义来说这事，足见不再过是最有效的弥补办法，虽然比知几从不过犯要差了一级。经典

---

① 王弼、韩康伯注，孔颖达疏：《周易正义·复卦》，《十三经注疏》上册第39页。
② 同上。
③ 同上。

展示给我们的，都是一些活生生的旧事，从这一点来说古史是鲜活的，可以很容易地把握。只要结合颜渊不再过犯的实例，我们就完全可以感性直观地将具体情节还原，以此类推，就能看到上古历史明了的一面。从常规情理看，孔子的要求似乎高了些，但如果注意他的方法，就知道是立基于《易》的。孔子与弟子之间的各种差距，大概还是在各种学问的功夫上面，兑现出来就会有效果的不同，这些消息可以讨论。孔子讲的知几、不二过，道理似乎很简单，不用多说，但是落实在大处，比如历史地知几、历史地不再过，就不那样轻易了。比如说历史重过，就完全可能导致千年不复之厄，古人研《易》，一般都是从大处着意的多。

离

《系辞》中说："作结绳而为网罟，以佃以渔，盖取诸离。"孔颖达的一段话，很值得注意。他说："案诸儒象卦制器，皆取卦之爻象之体，今韩氏之意，直取卦名，因以制器。案上《系》云'以制器者尚其象'，则取象不取名也，韩氏乃取名不取象，于义未善矣。今既遵韩氏之学，且依此释之也。"①显然，这是疏不破注的原则。看得出，孔颖达还是倾向于取象不取名的解释，这就使我们想到汉代学者从象上去解说的质实路子，韩康伯与王弼学术路径相承，因名取义，不走汉人的老路，不能说没有道理。韩注说："离，丽也，网罟之用，必审物之所丽也，鱼丽于水，兽丽于山也。"②丽就是附着的意

---

① 王弼、韩康伯注，孔颖达疏：《周易正义》，《十三经注疏》上册第86页。
② 同上。

思。古人用网罟，有水陆之分，在陆地上网罗鸟兽，在水中网罗鱼鳖。虞翻说："离为目，巽为绳，目之重者唯罟，故结绳为罟，坤二五之乾成离，巽为鱼。坤二称田，以罟取兽曰田。故取诸离也。"①罟多目，故云目之重者唯罟，网上确实有很多眼孔。根据互体、卦变等体例，我们不难理解解释中讲到的各种卦象内容。对比之下，汉人说《易》更重解象，晋人更直接解义，这个过程的演变在人文中是必然的，因为理顺是人的常规要求。离卦说："离，利贞，亨，畜牝牛，吉。"②离卦总体上偏柔，所以说利贞，这是加一个限制条件，利贞以后才得亨通。我们可以找到一些规律，即但凡偏柔的，都要用贞去限定加固，这大概是柔仁之道必须慎用的缘故。我们在生活中经常可以看到这样的例子，祖母管不了孙子，孙子越来越调皮，失去检束，最后可能酿成悲剧。所以古代的思想，都从教训与经验得来，老子说人之所畏不可不畏。畏大人之言，就是因为大人之言者，是群体生活经验教训凝炼的结果，是否尊重它，直接影响自己的人生。

　　从物象看，畜养母牛，是因为牛很强壮，但性质驯服，所以很吉利。既不猛害，也不劣弱，象辞说："明两作离，大人以继明照于四方。"③离为日，太阳照耀大地，连续不绝，从这自然之象，可以引申出政教施于四方等各种意思。《正义》中谈到八纯卦叠卦以后的各种灵活说法，比如说"山泽各自为体，非相入之物，故云兼山艮、丽泽兑，是两物各行也"。④ 这使我们想到《连山》卦系，兼山艮，确有

---

① 李鼎祚：《周易集解》第452—453页。
② 王弼、韩康伯注，孔颖达疏：《周易正义·离卦》，《十三经注疏》上册第43页。
③ 同上。
④ 同上。

山势连延不绝之象。彖辞说："离，丽也，日月丽乎天，百谷草木丽乎土，重明以丽乎正，乃化成天下，柔丽乎中正，故亨，是以畜牝牛吉也。"①星体附着在宇宙空间，万物附着在大地。从日、火与附着这三者的比照中我们就可以看到，单就表面看，似乎各个物类与事类之间并没有什么联系，但是古人把它们统一在一起，内中必然会有一个文理连贯，可能我们在还原上会感觉到一些困难，这说明古代思维以类为基础的发散性。

大　　壮

《系辞》说："上古穴居而野处，后世圣人易之以宫室，上栋下宇，以待风雨，盖取诸大壮。"②虞翻曰："无妄两象易也。无妄乾在上，故称上古。艮为穴居，乾为野，巽为处，无妄乾人在路，故穴居野处。震为后世，乾为圣人。后世圣人，谓黄帝也。艮为宫室，变成大壮。乾人入宫，故易以宫室。艮为待，巽为风，兑为雨。乾为高。巽为长木，反在上为栋。震阳动起为上栋。宇，谓屋边也。兑泽动下为下宇。无妄之大壮，巽风不见，兑雨隔震，与乾绝体，故上栋下宇，以待风雨，盖取诸大壮者也。"③从这一大段说论我们可以想见汉代学者是怎样用万言说一个字的，而更重要的是，我们在古代思想学说中看到了多层性。实际上，在各个学问部门之间存在着一个多套系统。比如说易学，古人一方面严守《易》的法度，将一切统入几个最基本的基元之下，这就是说，在易观中一切都是法

① 王弼、韩康伯注，孔颖达疏：《周易正义·离卦》，《十三经注疏》上册第 43 页。
② 王弼、韩康伯注，孔颖达疏：《周易正义·系辞下》，《十三经注疏》上册第 87 页。
③ 李鼎祚：《周易集解》第 457 页。

象。但是名学的情况又与此不同，它是独立的，所谓有名必有实，有实必有名，所以在名观中，一切都是名实。名实与法象是两套规定，直白地说，就是它们都指向日用中所说的万事万物。事物、东西、万物之类，就是常规的一般自然物理的说法。至于一切都是个阴阳，或者其他什么的统一规定、归结，都要依学问门类的不同而去具体分别了。从法象，到名实，到阴阳，到万物，等等，思维中有一个多套构成，这大概还是三十辐共一毂的情况。像虞翻说的"震为后世，乾为圣人"之类，易象真是无所不统了。从这些操作，我们可以看到古人是如何运思的，卦象之间的关系，使我们一下想到白马论、离坚白等事。比如说无妄卦乾上震下，虞翻既然说"后世圣人谓黄帝也"，那么我们就要问：后世、圣人、后世圣人、震、乾、无妄、黄帝这几项到底是什么关系？是否类似于坚、白、石、坚白、坚石、白石、坚白石那样的关系呢？这些都说明人文中的信息确实是统合的。

建造宫室有一定的工程量，较穴居壮大。《正义》提供了两种情况，一种是说肇始某种器用，比如造舟车，大自然不会提供现成的舟车，也不会提供自然的可乘之物，不像有个洞，可以现成居住，所以必须原创。另一种情况是说以更优越的物用取代以前原始的，比如说盖房子，住着就比洞穴舒服。当然不盖房子也有住的地方（山洞），不像没有舟车就完全没有可乘的自然物。我们可以看到，传统的中式建筑，其实就是放大了的积木，它已经把力学所能提供的现成性榨干了。这充分说明了华文化的性格，就是怎样在最简单便宜中求取至上值。比如建筑与美术，简简单单，却能制造出最好的效果，瓷器的制造原料极低廉，但瓷器生产出来却可以价值连城。此类例子极多，不能烦举。这些都说明华文化是非常本质、功利的,从好的一方面说是透彻,凡事到最后不能脱出此一框框;从不好的一面说,是过于专注现成,结果最后反而最不现成,而且会常常表现出没有生命的一面,我们不妨称之为本质功利主义。案大壮卦辞说:"大壮,利贞。"象辞说:"雷在天上,大壮,君子以非礼弗履。"①大壮为盛大之卦,有四个阳爻,所以利于贞正,否则便失去检束了。由此可见,无论阳盛还是阴盛,都会有贞正上的限制,否则容易滑向负面。元亨利贞四德,贞实际上是最后的一个节制安设,所谓好与坏是随时阴阳变转的,贞正就像一道隔舱,将凡事安全隔在好的一边。君子非礼不行,正与此贞义统一。天上有雷无疑是刚大之象,所以这里以礼设防,礼负责利害。我们说非礼勿听言动,实际上都可以归入非礼勿履。象辞说:"大壮,大者壮也,刚以动,故壮,大壮利贞,大者正也,正大,而天地之情可见矣。"②阳爻浸长已至于四,是大者盛壮,大壮的意思就这样简单。可以看到,《系辞》中关于卦爻的内容,大致可分为两种,即典章的和义理的。像大壮,因为与人文实事相关,所以属于典章的这一边。而孔子对爻义的一些引证发挥,则是属于义理的。

睽

《系辞》说:"弦木为弧,剡木为矢,弧矢之利,以威天下,盖取诸睽。"③睽就是乖离、乖争的意思,物相乖便有兵器之用。睽卦云:

---

① 王弼、韩康伯注,孔颖达疏:《周易正义·大壮卦》,《十三经注疏》上册第48页。
② 同上。
③ 王弼、韩康伯注,孔颖达疏:《周易正义·系辞下》,《十三经注疏》上册第87页。

"睽,小事吉。"①这意思很明显,就是说如果发生战争那样的大事,便无吉利可言了。所谓大兵之事必有凶年,因此物情乖异只能限制在小事上,比如说老死不相往来,绝隔分开对大家并没有坏处。《正义》说:"兴役动众,必须大同之世方可为之。"②大同当然不是以简单的经济标准为准的。象辞说:"上火下泽,睽,君子以同而异。"③睽卦离上兑下,离为火,兑为泽,所以自然物象说上火下泽,动而相背,因为火是向上运动的,水是向下运动的,方向相反。从君子以同而异来说,睽卦是最能直接象名学同异关系的卦,因为异本身就是睽象。在名学中,一切最终都是相异的,并没有同,同只是一定限度内暂时的说法,因为只有共。王弼说:"同于通理,异于职事。"④通理就是共通的道理,道理只是一个,是共通的,统一的。并不是说有多个道理,彼此相同。可见同只能是一个的,凡两个以上,就不可能同了。从这里,我们大概也更能理解疏分与分殊。《正义》说:"佐王治民,其意则同,各有司存,职掌则异,故曰君子以同而异也。"⑤可见礼必本于太一之说就是礼主分的意思。《墨经》中说:"体分于兼也。"⑥墨家出于小礼官,有这样的理论是不奇怪的。像《周礼》中那样繁复的分职,充分说明了同异绝隔相乖的事实。这些都是需要联观的因素,《易》在人文中还是有一个起点作用。

---

① 王弼、韩康伯注,孔颖达疏:《周易正义·睽卦》,《十三经注疏》上册第 50 页。
② 同上。
③ 王弼、韩康伯注,孔颖达疏:《周易正义·睽卦》,《十三经注疏》上册第 51 页。
④ 同上。
⑤ 同上。
⑥ 《墨子·经上》,《二十二子》第 256 页。

象辞说:"睽,火动而上,泽动而下,二女同居,其志不同行。说而丽乎明,柔进而上行,得中而应乎刚,是以小事吉。天地睽而其事同也,男女睽而其志通也,万物睽而其事类也,睽之时用大矣哉。"①革卦中也讲过二女同居,其志不相得,这些都系人事之象。女人心事不同,志行不同,相乖背是常事,不足为奇,所以用来说睽卦,讲同而异之义。《正义》说:"水火二物,共成烹饪,理应相济。"②这与中国饮食学理论的起点正相合。但如果水火不相接而互相乖背,便不能相成了。因为相乖背,所以只能为小事,而不可能为大事。《正义》曰:"天高地卑,其体悬隔,是天地睽也,而生成品物,其事则同也。……万物殊形,各自为象,是万物睽也,而均于生长,其事即类。"③男女虽然异性相异,但却互相吸引,所以相反而相成本身也属睽象。老子说反者道之动,古代思想中对同异相反的观察、提取实际上构成了一个常识性的核心。

解

> 子曰:"作《易》者,其知盗乎。《易》曰:'负且乘,致寇至。'负也者,小人之事也,乘也者,君子之器也,小人而乘君子之器,盗思夺之矣,上慢下暴,盗思伐之矣,慢藏诲盗,冶容诲淫。《易》曰'负且乘,致寇至',盗之招也。"④

① 王弼、韩康伯注,孔颖达疏:《周易正义·睽卦》,《十三经注疏》上册第50页。
② 同上。
③ 同上。
④ 王弼、韩康伯注,孔颖达疏:《周易正义·系辞上》,《十三经注疏》上册第80页。

这是引解卦六三以明义,孔子还引过上六以说义。"《易》曰:'公用射隼于高墉之上,获之无不利。'子曰:'隼者禽也,弓、矢者器也,射之者人也,君子藏器于身,待时而动,何不利之有,动而不括,是以出而有获,语成器而动者也。'"①案解卦云:"解,利西南,无所往,其来复吉,有攸往,夙吉。"②利西南一语,使我们一下想到坤卦西南东北之说,是否意味着文王得脱重回故地呢?卦爻之辞中的具体方位等内容一定都与当时的实人实事有关,只是我们现在没有证据坐实还原罢了。关于解义,《正义》提供的解释比较复杂,不像说其他卦名时那样简单直截。我们对解的理解,很自然会趋向于解脱于险难的理会,但解义实包含缓解的意思。《正义》云:"然解有两音,一音古买反,一音胡买反,解谓解难之初,解谓既解之后。象称动而免乎险,明解众难之时,故先儒皆读为解。"③看来应该取前一种读音,也就是突出过程性。我们可以猜想:当初文王受困时占得此卦,说处境正在缓解,最终可以得脱,从而信心大增,所有这些可以弥合得很好。对经典及解释的阅读,稍微不留心,就会出现缝隙,这表明书面以下还是有许多机关节目。在济难一事上,解卦谈到了一种来回性。就是说,看见了险难,或者预见到了险难,是马上主动地迎上去解决呢,还是被动地应对,等险难找上门来再因情况解决。因为主动地想要扑灭什么麻烦,往往是并没有什么险难,结果生出了反倒不好的事端。从易卦中的各种来回性表达,我们活生生地看到了古代人应对事情的两难处境。在这种两摆中生存的人,其心态不可能不老。实际上,通观各个卦,我

---

① 王弼、韩康伯注,孔颖达疏:《周易正义·系辞下》,《十三经注疏》上册第88页。
② 王弼、韩康伯注,孔颖达疏:《周易正义·解卦》,《十三经注疏》上册第52页。
③ 同上。

们就能知道它们是对各种变的总结。比如说渐变与突变,遇合之变与分离之变,增加堆积的变化与减损之变,等等。几乎世界上每一种变的基本种类、格式、类型、句型、模子,在易卦中都能找到。正如人们常说的,这个世界上没有不变化的,唯一不变的就是变动本身。由此,把握一切,都不如直接把握变更本质、更实在。那么变有无千无万,变的基本体例在哪里呢? 从这种思维顺序,我们就能够想见《易》的来源,肯定是相当质朴的。人文心态的老化,就在事几与事端的变化中造成了。人心就像丝瓜一样,在丝瓜鲜嫩的时候是可以食用的,可是一旦长老了,就只剩下个网状纤维,成为丝瓜络,农家常用它来擦澡。人心也会有老化烂空的时候,华文化就是这种长老了的丝瓜络,所以有很多问题它已经不再纠缠了。《周易》只能说是个很典型的例子。

象辞说:"雷雨作,解,君子以赦过宥罪。"①解卦震上坎下,震为雷,坎为水,所以自然之象取雷雨作,自然物理属知识,人为取象定义属认识。孔子说过既往不咎,与君子赦宥罪过是贯通的。宽容与原谅是人文思想中极普通的内容,也是必不可少的构成部分,它表现人们处理、对待伤害性的某种态度与行为。但是原谅与宽容应遵照什么样的限度与标准呢? 道义上的争论固然是相持不下的,但是利害上的操作却很简单,就是直接取决于轻重权衡,永远趋向于利益更多、更大的一边。象辞说:"解,险以动,动而免乎险,解。解利西南,往得众也,其来复吉,乃得中也,有攸往夙吉,往有功也,天地解,而雷雨作。雷雨作,而百果草木皆甲坼,解之时大矣

① 王弼、韩康伯注,孔颖达疏:《周易正义·解卦》,《十三经注疏》上册第 52 页。

哉。"①案解卦震上坎下,坎为险,震为动,因为震在上,所以说动乎险外,而非动在险中,这样就可以解难而无咎了。圻是边界的意思,百果草木甲圻大概是描画破壳复苏的生长景象。因为雷雨交加往往是春生夏长的季候多,这时万物外向散开,物象上给人解缓的意思,所以雷雨作与赦宥联系在一起,大概也是寄义舒解。传统上处决犯人也有时间讲究,取秋收冬杀之义,看来都是一贯的。

六三爻辞说:"六三,负且乘,致寇至,贞吝。"象曰:"'负且乘',亦可丑也,自我致戎,又谁咎也。"②此爻的意思是说,一切都是自找的,怪谁呢? 负且乘是个很形象的例子,是说小人乘君子之器,本身就是一件丑事。《正义》讲得很明白,说:"乘者君子之器也,负者小人之事也,施之于人,即在车骑之上而负于物,故寇盗知其非己所有,于是竞欲夺之。""天下之丑多矣,此是其一,故曰亦可丑也。"③我们还记得《论语》中记叙过的一件事,有人对孔子的车马提出要求,遭到了孔子的严正拒绝,因为车马是礼器,礼法是不能乱的,孔子既精于《易》,当然知道诸事的轻重几窍。这样看来,似乎无关痛痒的细事,背后其实都是严整一贯的。小人可以负载于道路,但不可以乘大夫之车,实际上小人也做不好大夫。《正义》说:"小人居上位必骄慢,而在下必暴虐,为政如此,大盗思欲伐之矣。"④我们常说政治昏暗腐败,希望能够整清,事实上这是做不到的,因为这种常规的思路只是治标的思路,是不解决问题的。国民本身就是腐败的,所以无论什么人用事都必然腐败,性恶论对此有

---

① 王弼、韩康伯注,孔颖达疏:《周易正义·解卦》,《十三经注疏》上册第 52 页。
② 同上。
③ 同上。
④ 王弼、韩康伯注,孔颖达疏:《周易正义·系辞上》,《十三经注疏》上册第80 页。

精辟的解释。因此,学与仕的关系是颠扑不破的规则,没有受过学问教化的人必然上慢下暴,实际上人类政治就是负且乘的政治,这已经不稀奇了。学与制度是相辅的关系,因为学可以使人的程度好转改良,但不可能替代制度这一运转规程。因此,治本的思路并不在于至察细事,而是在于抱简易的使腐败成无谓的办法,这方面管子、老子以及阴阳家之书提供了很多思路,这里不能细说。

上六爻辞说:"上六,公用射隼于高墉之上,获之,无不利。"象曰:"公用射隼,以解悖也。"①隼是猛禽,像海东青鸟就是很突出的例子,胡人特别喜欢驯养它。墉是高墙的意思,这就是说,野生的猛禽落在人家的墙头上,人肯定要去射它或者捕捉它,它在墙头呆不长,不像在山林可以自由自在。这是个很形象的比喻,因为上六与六三有一种对称性。六三是说小人窃居高位,而上六则是说公行讨伐之事,解除了悖逆。像三国王允诛讨董卓,可以算一个例子。公者人臣之极,高墙象征高位,隼相当于贪残窃夺的乱逆之人,所以这个取象政治意味是很浓重的。获之无不利,只能是指诛讨一定成功。所以历来有僭位者就一定有讨伐者,两者总是配套的。解卦以解除乱逆为极,其关注之重自不待言。所谓"藏器于身、待时而动"者,就像拿着弓、矢等待可以发射的时机,到可以射的时候就毫不迟疑地射隼。小孩拿着弹弓打鸟,是民间生活中常见的情景,出手是要求非常迅捷的。器与道在义理上总是联系在一起,所以藏器以动也就是存道于身。孔子是一个非常灵活的人,他打这些比方,也表明他自己的认同。虽然人应该等待时机,但是不能磕磕碰碰,出手一定要准,必为吾擒。孔子的一生是在不能实

_____

① 王弼、韩康伯注,孔颖达疏:《周易正义·解卦》,《十三经注疏》上册第52页。

现中度过的，从玩《易》留下的文献中都能反映出来。

损、益

《正义》关于解卦的解释有一段很值得注意，说："结叹解之大也，自天地至于草木，无不有解，岂非大哉。"①这是解释"解之时大矣哉"一义的，它充分说明了华文化普遍的全息性特点。既然有解，那么这解就不是仅仅一例两例而已，而是无处不在的、万物都体有的。这种遍在性本身的就是大、至大的。所以古人的理解习惯，比如说道之至大，是看它能多大程度地把各个事物纳入进去，能够多大程度地体物不遗，它强调尊卑等序，但绝不外在于事物，这大概是一种精明世故。孔子说：天何言哉，四时运化而百物兴焉，无声无臭而神妙不测。这说明人在日常生活经验中只容易看到既然，而很难知道所以然，所以揣测是没有意义的。吾尝终日而思焉，不如须臾之学也，这种态度很能表现古人的知识性格。老子说："为学日益，为道日损，损之又损，以至于无为。"损益在学问思维中是关键因素。《系辞》说：

> 天地絪缊，万物化醇，男女构精，万物化生，《易》曰："三人行，则损一人，一人行，则得其友。"言致一也。子曰："君子安其身而后动，易其心而后语，定其交而后求，君子修此三者，故全也，危以动，则民不与也。惧以语，则民不应也，无交而求，则民不与也，莫之与，则伤之者至矣，《易》曰：'莫益之，或击

---

① 　王弼、韩康伯注，孔颖达疏：《周易正义·解卦》，《十三经注疏》上册第 52 页。

之，立心勿恒，凶。'"①

　　这一段话的核心意思就是得一。得一之道与得一之事，以及吾道一以贯之等义，都使我们看到孔子对一的重视。这里之所以举天地生物、男女合会二事，并不是一般的泛说，而是明得一之事。系辞通论讲过，利用安身，可以崇德，而安身之道在于得一，身危就什么也谈不到了。从很多地方我们都可以看到，儒家学者的存身之道是相当实际的，其标准绝不是烈士观的。三人不如一人，也是经验上对得一的印证。儒学关注的，始终是得众的问题，但得众的起始点首先在于自己，《正义》中讲的"欲行于天下，先在其身之一"乃是儒者普通的想法。② 从一贯、致一、得一这些与一直接相关的义理内容我们可以知道，一是为道日损的必然结果，不能为学日益，也很难为道日损，老子讲的道理通常都是经验之总结，所以他说抱一为天下式还是基于保守的态度。孔子与老子的意思在很多地方是互通的，他们各自主张的差异，不一定必须反映在义理的形式或表面。很明显的事实，个人无论如何有能力，也必须利用人众才能做成事情，所以别人就是自己的工具，古代学者大多都不能离开这个意思。

　　从孔子讲说的，我们可以窥见一些什么思路、条理呢？孔子讲的不单是如何得到人众的办法和应该注意的事项，而且也有得众的必然意味在里面。因为人肯定是群性的，如果人与人不能到一

---

　　①　王弼、韩康伯注，孔颖达疏：《周易正义・系辞下》，《十三经注疏》上册第88—89页。

　　②　王弼、韩康伯注，孔颖达疏：《周易正义・系辞下》，《十三经注疏》上册第89页。

起去,肯定是有某种妨碍群聚的因素,去掉这些东西,得众就是当然的了。这些意思我们是从举列的例子窥见的。因为男女相互吸引有天然的必然性,是不用说的。天地生物似乎也是当然的,这当然是古人的认识,因为我们知道地球有生命是宇宙中的特例,这说明古代人会很自然地将所见的当作经义的,这是一个绕不过去的必然经历的人文过程。孔子既然说过吾未见好德如好色者也,那么他要视得众如男女得合那样自然也就不费解。古代思想中要求趋向于一的义理内容我们并不陌生,如尚同、驱众、法治等等,种类是极多的。应该说明,对古代学者,我们不主张从过于固定的形态去看待,因为古代学者都是非常灵活而富于谋略的,一旦他们发现更优的可取、可行之道,便会迅速转化。《正义》说众怒难犯,对人的利用也要顺其阴阳。人与人的交接,就像噬嗑卦所显示的,要看能否咬合到一起、恰到好处,阴阳相入是必须的。

　　损卦云:"损,有孚,元吉,无咎可贞,利有攸往,曷之用,二簋可用享。"[1]损就是减损的意思,但不可否认的是损与剥义有相通处,比如说为道日损,看到深透时,确实很多东西自然就剥落掉了,损与剥都是指向本质的卦。损卦强调诚信,有孚就是有信的意思,实际上即使不讲诚信,损也是信实的,因为损是必然的,正如剥是不可阻遏的一样。因为有信,所以祭祀、享祀鬼神不用很丰盛的礼都可以,尤其是损卦,礼主约就更自然。簋是礼器,二簋当然很简约,所以行礼贵信不贵奢。象辞说:"山下有泽,损,君子以惩忿窒欲。"[2]损卦艮上兑下,艮为山,兑为泽,所以自然之象取山下有泽。

①　王弼、韩康伯注,孔颖达疏:《周易正义·损卦》,《十三经注疏》上册第 52 页。
②　王弼、韩康伯注,孔颖达疏:《周易正义·损卦》,《十三经注疏》上册第 53 页。

这与损的意思有什么关联呢?《正义》解释说,泽在山下,泽卑山高,好像泽自损以崇山之象,这好像还是从卑退去理会的。关于忿欲,《正义》的解释比较有趣,说:"可损之善,莫善忿欲也";"君子以法此损道,以惩止忿怒,窒塞情欲。夫人之情也,感物而动,境有顺逆,故情有忿欲,惩者息其既往,窒者闭其将来,忿欲皆有往来,惩窒互文而相足也"。① 治心术一开始就是有的,后来在理学中修弄到很精致的程度。所以心学是必然的。

　　彖曰:"损,损下益上,其道上行,损而有孚,元吉,无咎,可贞,利有攸往,曷之用,二簋可用享,二簋应有时,损刚益柔有时,损益盈虚,与时偕行。"② 从卦爻来看,初、二为阳爻,上爻为阳,其余各爻为阴,寓含上行之意。信必贞正,而损道又有谦退之意,所以利有所往是很自然的。但是损作为必然,首先是从事势去说,而人去行损道时却有限制,就是时的限制。这说明损道不是什么时候都可用的,而且要考虑顺齐物性的要求。比如说阳刚之德就不能损去,否则人就很难有为了。所以损益都是有限度的,当然这是人的意愿,与自然之势是不能混淆的。《正义》在各卦的解释中,常有与齐物思想相通的表述,这大概与孔氏疏用老庄列诠说《周易》的态度有关,这些都是可以留意的。王弼说:"自然之质,各定其分,短者不为不足,长者不为有余,损益将何加焉,非道之常,故必与时偕行也。"孔颖达疏说:"盈虚者,凫足短而任性,鹤胫长而自然。……凫足非短,鹤胫非长,何须损我以益人,虚此以盈彼,但有时宜用,故应时而行。"③ 这样的论述,使我们想到人文生活的道理与原则,

---

① 王弼、韩康伯注,孔颖达疏:《周易正义·损卦》,《十三经注疏》上册第53页。
② 王弼、韩康伯注,孔颖达疏:《周易正义·损卦》,《十三经注疏》上册第52页。
③ 同上。

是彼此相互切割,还是各齐其分呢? 先秦时代出现的大量寓言不是偶然的,老子说大制不割,损益自然有损益的规则,简单地说,人文生活实际上就是损益之象。前代的总结,往往是对后来的预言。

六三爻说:"六三,三人行,则损一人,一人行,则得其友。"象曰:"一人行,三则疑也。"①这讲的是一则必然趋势。比如说男女关系,很难建立在三个人的基础上。这里的象征性是通过诸爻来达成的。因为损卦的基调确立为其道上行,那么六三就应该上应上九,六三、上九两爻虽然分处上下体,但都表天道,其位是相类的。但是从六三到六四、六五,连续三个阴爻,将上九与初九、九二这几个阳爻隔断,所以就发生了三人、一人的象征意味。如果六三、六四、六五同往上九,显然是混乱不合适的,爻位也不当,只有六三独往,才与上九相容、互相接受。诸爻的关系,结合六三爻辞去看,显示出十分有趣的对应性。孔子讲到天地男女、三人一人,这里面透露的还是一、二、三的关系。一、二、三是古代思想都关注的,比如圆、方、勾股,就是对应一、二、三数的三元形,象数上是整齐对应配套的。但形学与算术还不是一回事,比如古代的割圆术,属于应用形学的范围,算术也完全是实用的,它与形学之间有数与象的同异区别,但学问门类是整齐的。实际上数学就是四则运算,它是一个初步的实用手段,而加减乘除不外阴阳的来回伸缩,古代算术就是这样操作的。孔子的寄意当然在人事之理,所谓道同、所谓得朋,有一个数上的损益规律。因此,像二人同心、三人行、一人行这样的内容,都需要我们连串起来去考察,内部才有可能贯通。损益两卦总是连带在一起的,所以我们对

———————————

① 王弼、韩康伯注,孔颖达疏:《周易正义·损卦》,《十三经注疏》上册第53页。

益卦也有交待的必要。

　　益卦云:"益,利有攸往,利涉大川。"象辞说:"风雷,益,君子以见善则迁,有过则改。"彖曰:"益,损上益下,民说无疆,自上下下,其道大光,利有攸往,中正有庆,利涉大川,木道乃行。益动而巽,日进无疆;天施地生,其益无方。凡益之道,与时偕行。"①

　　益者增足之名,所以损益就是加减,阴阳之象是统一的。而加减是数学的本质,所谓乘除,不过是高集量的加减罢了。当然除还有兼分的考虑。只要是处理量这一对象的,都可以归入阴阳加减中。而数学上的测算与准度问题,正应了古代讲的中。向秀云:"明王之道,志在惠下,故取下谓之损,与下谓之益。"②照这样说来,税的征收应该是损象了,因为是取下而非益下,而历史社会中,益多半只是个漂亮说法。由于王志向下,所以损益两卦得名皆就下而不据上。所以才会有损上益下、损下益上种种说法,都是往上去的。"自上下下"一语,可以说是最好的标语,它把人文的思维习惯暴露无遗。现代的社会思想,就是对自上下下的反动,这也是一组阴阳。必然的。但是向下施惠,对于调动人众跟随于己却有切实的效果,因此说"利有所往、利涉大川",也就是可以成就事功的意思。从自然之象来说,益卦巽上震下,巽为风,震为雷,这是说开春以后,风雨雷电过后,能够滋润万物,正是益象。中国是季风最显著的国家,所以八卦必有风居主,易象就是古代中国的物候。《正义》解释说:"《子夏传》云:'雷

────────────

　　① 王弼、韩康伯注,孔颖达疏:《周易正义·益卦》,《十三经注疏》上册第53页。

　　② 同上。

以动之，风以散之，万物皆盈。'孟僖亦与此同。其意言必须雷动于前，风散于后，然后万物皆益。如二月启蛰之后，风以长物，八月收声之后，风以残物，风之为益，其在雷后，故曰风雷益也。"①迁善改过，进益之象，但却不是道德学的，而是实效事功的。先秦时代的人文性格，与宋以后有明显的不同，似乎理学的道德意味更单纯一些。而先秦时代更看重效益，迁善改过、不二过似乎更多功利的计算。巽为顺，震为动，动而顺，可以推进到很远，日进无疆就是形容进益的广阔效果。巽又为木，所以有"木道乃行"一说，因为木是肯定不会沉的，一定会飘浮在水上，这是配合动顺，说肯定能够涉过大川的意思，也就是说事功收获是必然的。天总是施气于地，从这一自然物象观之，自上下下也就是经义的了。当然益道还是有时行限制的，比如说对于盈满就不能再益，如果盆子里装满了水还不停往里灌，肯定会湿一地。但更真实的原因恐怕还不在于此，而是到底有多少可以给予的东西？正像象辞讲的"民悦无疆"，真能做到让老百姓无边快活几乎不可能。偶尔施惠是容易的，但又有多少恩惠可以持久地施予呢？因此，益道是易穷的。《系辞》中是这样说的："包牺氏没，神农氏作，斫木为耜，揉木为耒，耒耨之利，以教天下，盖取诸益。"此处也提到了木，以木制作农器。这里有一条很清晰的过渡文理，使人想到从畜牧到农业的过程。《正义》说："制器致丰，以益万物。"又说："此一节明神农取卦造器之义，一者制耒耜取于益卦，以利益民也；二者日中为市，聚合天下之货，设法以合物，取于噬嗑，象物噬啮乃得通也。"②这样看来，益卦、噬嗑卦

---

① 王弼、韩康伯注，孔颖达疏：《周易正义·益卦》，《十三经注疏》上册第 53 页。
② 王弼、韩康伯注，孔颖达疏：《周易正义·系辞下》，《十三经注疏》上册第 86 页。

所显示的就是食货之象。人类经济生活脱不出食货，只会有程度上的发展。虞翻曰："否四之初也。巽为木、为人，艮为手，乾为金。手持金以入木，故斫木为耜。耜止所逾，因名曰耜。艮为小木，手以挠之，故揉木为耒。耒耜，籽器也。巽为号令，乾为天，故以教天下。坤为地，巽为股，进退。震足动耜，艮手持耒，进退田中，耕之象也。益万物者，莫若雷风，故法风雷而作耒耜。"①这是结合卦变、互体，具体形象地去解释。

　　益道既然是易穷的，须时而行之，不可恒用，那么益卦的上九爻处极，就一定会赋以特别的意义。上九说："上九，莫益之，或击之，立心勿恒，凶。"象辞说："莫益之，偏辞也。或击之，自外来也。"②上九处益之极，求益无厌，所以必然招致许多怨恨，这样伤害性也就不请自到了。通常每一卦的上爻都会紧扣全卦的立义而有一种趋极的涵义，比如这里益卦的上爻是一个阳爻，它就有过益的意思在里面。这说明易卦的配合是整齐化了的。凡事求之无厌则犯众怒，众怒难犯，所以国家对国人的索取必须收敛。最重要的是"无交而求则民不与也"一义，所谓礼尚往来，来而不往则非礼。邦国与国人的关系首先是经济利益关系，双方能够达成交易，有求才应。我们知道管子轻重术讲过很多经济技巧，就是通过各种变化多端的办法使国人既被索取，还能够心甘情愿并且受到实惠，也就是说通过一定的方法、手段绕开经济利益、利害上的磕碰扞格，自然而顺利地达成一种技术经济，尤其是轻重思想中反对笨拙地靠增加税收（直接征收）来供应国用的思路，与孔子的经济主张形

---

① 李鼎祚：《周易集解》第 453 页。
② 王弼、韩康伯注，孔颖达疏：《周易正义·益卦》，《十三经注疏》上册第 53 页。

成十分有效的互补。因为轻重术能够拿出切实的不通过简单征收而致财的技术办法，并非粗略地只有立场态度。这就是说，孔子加管子，就是中国最切宜可行的经济道路。与民相交而求之交与求，涵括的内容其实很广，《墨辩》中也有关于轻重的内容，这些都说明上古人文是信息完整的。"或击之"就是指"伤之者至矣"一事，安静和易身心，显然是对治人者的要求。孔子说"君子修此三者，故全也"，实际上他提醒注意的事项相当多，我们不是说这些总结不对，而是说核心真正在哪里必须摸清楚。

夬

《系辞》曰："上古结绳而治，后世圣人易之以书契，百官以治，万民以察，盖取诸夬。"①作文造字，属于人文中最后的一个重大环节（就系辞通论中的排列情况而言）。郑康成说："事大大结其绳，事小小结其绳。"②这里的结绳应该是单纯结绳，就是用来纪事的，与结绳为网罟显然不同。据说中国结就是古代结绳传下来的，在风俗中仍然保留。这是有可能的，因为华文化的因承性，注定了会留存许多信息在民间。结绳刻木以纪事，我们看画卦用的连断线，是否与原始刻木用的符号线同一亲缘呢？文字的制作看来是弥补结绳的功用的不足，六书出于自然，其实文字的造作也是出于自然的，都是根于切实的需要。这样看来，万法出于自然这句话是不错的，只要把握了自然，我们就能把一切技术方法全部抽出来。夬卦

---

① 王弼、韩康伯注，孔颖达疏：《周易正义·系辞下》，《十三经注疏》上册第87页。
② 同上。

与剥卦正好是相反的。所以王弼说："夬与剥反者也,剥以柔变刚,至于刚几尽,夬以刚决柔,如剥之消刚,刚陨则君子道消,柔消则小人道陨。"①可见夬卦是决断之卦,所以《正义》说："夬者决也,造立书契所以决断万事。"②《九家易》说："古者无文字,其有约誓之事,事大大其绳,事小小其绳。结之多少,随物众寡,各执以相考,亦足以相治也。夬本坤世,下有伏坤,书之象也。上又见乾,契之象也。以乾照坤,察之象也。夬者,决也。取百官以书治职,万民以契明其事。契,刻也。大壮进而成夬,金决竹木为书契象,故法夬而作书契矣。"③虞翻解说得更详细,他说:"履上下象易也。乾象在上,故复言上古。巽为绳,离为罟,乾为治,故结绳以治。后世圣人,谓黄帝尧舜也。夬旁通剥,剥坤为书,兑为契,故易之以书契。乾为百,剥艮为官。坤为众臣、为万民、为迷暗。乾为治。夬反剥,以乾照坤,故百官以治,万民以察。故取诸夬。大壮、大过、夬此三盖取,直两象上下相易,故俱言易之。大壮本无妄,本履卦,乾象俱在上,故言上古。中孚本无乾象,大过乾不在上,故但言古者。大过亦言后世圣人易之,明上古时也。"④汉人解《易》的习惯前面都讲过,所以这里就不赘言了。清代焦循总结易例为旁通、相错、时行,看来是充分尊重汉学的。夬卦只说利于决断于事而不利于打仗,看来夬卦是以正治国意义上的。卦的内容与系辞通论中讲到的事情有整齐的对应,《正义》中说到王庭是百官所在之处,大概与后来说的朝庭意思也差不多。

---

①　王弼、韩康伯注,孔颖达疏:《周易正义·夬卦》,《十三经注疏》上册第 56 页。
②　王弼、韩康伯注,孔颖达疏:《周易正义·系辞下》,《十三经注疏》上册第 87 页。
③　李鼎祚:《周易集解》第 458 页。
④　李鼎祚:《周易集解》第 458—459 页。

象辞说:"泽上于天,夬,君子以施禄及下,居德则忌。"①夬卦
兑上乾下,兑为泽,乾为天,所以有泽上于天的自然取象。泽上于
天按常理应属于假象,但是如果说离地即为天,不论这天有多低,
那么,水在高处,往下润泽,就未必不可以成实象。当然,我们还是
偏向于假象的理解。《正义》解释说,自上往下,威惠并施。照这样
看来,农国理政用恩威并重的办法,是必须而自然的,也是当然的。
因为不仅仅是施禄及下,上对下也会施以威刑,这也是一组阴阳,
一刚一柔,交替使用,《墨辩》中讨论的赏与罚与此决断之卦正可以
联观。关于"居德则忌"一义,我们会很自然地想到有功不自伐这
样的认识。一方面,王者虽对天下有德,但却不可以自居,因为人
都是多忌的,具抵触逆反性,一切都是个心理,所以这是一个忌讳,
不能触犯。另外下面的人也不能自居,不论有无功德,是否受宠,
否则也会遭到上面的忌讳。但《正义》的解释并不是这样,而是说:
"忌,禁也。……其在身居德,复须明其禁令,合于健而能说,决而
能和。"②《正义》的解释有深厚的历史传承,绝不是独立的,是抉择
过的。这样就使我们考虑到,前人的解释,与经典本身,其间到底
有多大的缝隙呢? 我们且举一例来讨论。卦上六爻说:"上六,无
号,终有凶。"象辞说:"无号之凶,终不可长也。"③只要看一看号字
的前后解释,就会发现明显的疑问。卦辞中的"孚号有厉",号字是
作号令解,而上六爻中的号则作号咷解,真是如此吗? 前面我们提
到过,卦爻的组成似乎有一个规律,就是上爻都有本卦已趋极的表

① 王弼、韩康伯注,孔颖达疏:《周易正义·夬卦》,《十三经注疏》上册第56页。
② 同上。
③ 王弼、韩康伯注,孔颖达疏:《周易正义·夬卦》,《十三经注疏》上册第57页。

示和意思在里面。卦最上一爻为阴爻,下面都为阳爻,一阴独处群阳之上,难以驱众,会不会有孤立独处其上之位,不能号令于下,其道已穷,何可久长,终有凶咎的涵义呢?国家将亡之时,是不能号令于下的,终凶之象,不足为奇,处号之极,不能号令,这样理解似乎更为顺然,但《正义》的解释却完全正面化了。说小人在上,为众所共弃,号咷也是无用,真这么理想吗?可能号令之道穷还是主要的,因为易道没有不竭的。亡国的不仅仅是小人,也有所谓君子。

象曰:"夬,决也,刚决柔也,健而说,决而和,扬于王庭,柔乘五刚也,孚号有厉,其危乃光也,告自邑,不利即戎,所尚乃穷也。利有攸往,刚长乃终也。"①夬卦兑上乾下,兑为说,乾为健,所以说健而说,说就是悦。因为健而说,所以有决而和的效果。象辞中,"其危乃光"的意思很重要,关系到对整体卦义的把握。《正义》用"危厉之理分明可见"来作解释,②那么光应该是指昭然可见了。从这些内容我们很容易想到商纣的事情上去,既然有"一柔为逆,众所同诛,诛而无忌"的意思包含其中。③纣不能号令天下,对纣是凶,对文王一边却无疑是好事,所以从这里来看,阴阳吉凶各异,说明人的利益天生注定是不一样的。因此希望人类都幸福,会不会在阴阳之理上就很难成立、达成呢?势的决定性、规定性往往要高过人的意愿性,阴阳之道残酷地说明了这一点。由此,前面我们关于无号终凶的推测就不能说是没有道理的,而扬于王庭,是否也说明朝中会有大动作呢?纣当然是为众所共弃的,就像群阳之上孤零零的一阴那样。虽然《正义》从号咷解释上六无号,但宏观上意思

---

① 王弼、韩康伯注,孔颖达疏:《周易正义·夬卦》,《十三经注疏》上册第56页。
② 同上。
③ 同上。

不与不能号令冲突。阴阳两边是因具体人事而摆动的,纣王不能号令,恰恰是文王一边可以号令,卦很可能与殷末的事情关联。古人常说不要因善小而不为,不要因恶小而为之,这是因为事情有大小,而善恶无大小的缘故。

困

> 《易》曰:"困于石,据于蒺藜,入于其宫,不见其妻,凶。"子曰:"非所困而困焉,名必辱,非所据而据焉,身必危,既辱且危,死期将至,妻其可得见耶。"①

这是引困卦六三的爻义证说之。困卦云:"困亨,贞大人吉,无咎,有言不信。"②困就是困穷的意思,困而得亨通,有对人考验的意思。古人所谓道穷困窘,解释中孔氏疏引用了"君子固穷,小人穷斯滥矣"一则意思,③推向道德的办法来求解脱。从这些常规的情况我们也能看到,孔子讲到困肯定是与自己的际遇连带在一起的。象辞说:"泽无水,困,君子以致命遂志。"④困卦兑上坎下,兑为泽,坎为水,水在地下,泽中干涸,十足困象,自然实象如此,也是无可奈何,所以只能寄希望于自身。关于致命一义,性格上不像别卦中经常表现的那样圆转,致命遂志除了从自作元命这样的思维去理会,都会显得勉强。像子路大概可以算致命遂志的一个例子,

---

① 王弼、韩康伯注,孔颖达疏:《周易正义·系辞下》,《十三经注疏》上册第88页。
② 王弼、韩康伯注,孔颖达疏:《周易正义·困卦》,《十三经注疏》上册第59页。
③ 同上。
④ 同上。

孔子早就预见到了子路的结局,尽管在他看来,子路的行事总是不
那么理想的。《正义》说:"君子之人,守道而死,虽遭困厄之世,期
于致命丧身,必当遂其高志,不屈挠而移改也。"①这种意思,在易
卦系统中是比较少看见的。象辞说:"困,刚掩也,险以说,困而不
失其所亨,其唯君子乎。贞大人吉,以刚中也;有言不信,尚口乃穷
也。"②困卦兑上坎下,兑为说,坎为险,所以说险以说。坎卦有维
心亨之说,那么困卦"不失其所亨"者,也应该是指对人心而言的
了。大体说来,身处困境,除了自我取决以外,没有别的办法可想,
因此想靠言辞得以解脱是行不通的。先秦多辩士,另外自我表白
也是人的天性,"尚口乃穷"不是白说的。六三爻曰:"六三,困于
石,据于蒺藜,入于其宫,不见其妻,凶。"象辞说:"据于蒺藜,乘刚
也,入于其宫,不见其妻,不祥也。"③石头是坚硬之物,象征拒绝,
蒺藜是带刺的草本植物,不易触碰,这就是说前后左右都遭遇孤立
排斥,连自己的老婆也见不着,从自然到人事之象已困到了极点。
孔子引困义说身危名辱,一定是有大量的实事关联的,这在《论语》
中大概可以找到很多例子。

鼎

　　子曰:"德薄而位尊,知小而谋大,力小而任重,鲜不及矣。
《易》曰:'鼎折足,覆公𬭎,其形渥,凶。'言不胜其任也。"④

---

① 王弼、韩康伯注,孔颖达疏:《周易正义·困卦》,《十三经注疏》上册第 59 页。
② 同上。
③ 同上。
④ 王弼、韩康伯注,孔颖达疏:《周易正义·系辞下》,《十三经注疏》上册第88页。

　　德薄位尊之事,《左传》中例子极多,无论四足方鼎或三足圆鼎,折一足必然倾覆。这是引鼎卦九四爻以证之。鼎卦说:"鼎,元吉亨。"①鼎卦在革卦后面,所以有去故取新的立义。因为革新的缘故,所以也有元吉亨通的效果。还是孔颖达《正义》说得详细明白,解释说:"鼎者器之名也。自火化之后,铸金而为此器,以供烹饪之用,谓之为鼎亨饪成新,能成新法,然则鼎之为器,且有二义,一有亨饪之用,二有物象之法,故象曰'鼎,象也',明其有法象也,《杂卦》曰'革去故'而'鼎取新',明其亨饪有成新之用,此卦明圣人革命,示物法象,惟新其制,有鼎之义,以木巽火,有鼎之象,故名为鼎焉。"②制器立法,变故成新,必须当理。法象一词,所谓在地成法者,大概包含这样的意思,即凡是大地所生之物,都有一定的可取法性。从理论上讲,应该也可以有"法曰",但在天成象,以象为尊,所以一般只云"象曰"。从法象我们可以分析华文化思维中的认识特性。象辞说:"木上有火,鼎,君子以正位凝命。"③鼎卦离上巽下,离为火,巽为木,好像鼎下面架起柴木在烧、烹饪,这一取象本身已是自然之象与人事之象的混合,是实象,但鼎是人造的,不是自然之物。凝者严整之貌,鼎是重器,有成新之义,所以这时候也要宣布教命,以求群体的整肃,人文中这些煞有介事的内容不少。彖辞说:"鼎,象也;以木巽火,亨饪也。圣人亨以享上帝,而大亨以养圣贤。巽而耳目聪明,柔进而上行,得中而应乎刚,是以元亨。"④

---

① 王弼、韩康伯注,孔颖达疏:《周易正义·鼎卦》,《十三经注疏》上册第61页。
② 同上。
③ 同上。
④ 同上。

　　鼎虽然是人造的,但也是法象,法象是包括自然人事两边的。
去故取新,贵在调和,这就好像烹饪食物一样,把各种不同的食物、
调料放在一起烧熟,做得好吃。鼎卦的由来,大概就是源于这个意
思。鼎器是特别的,往上它用来享祀上帝,往下它用来养国家的贤
人,帝与人、上与下,似乎鼎成了中间腰部。《正义》的解释也很有
特点,比如问为什么对上帝只用一个亨字,而对人却要加一个大
字,称大亨呢?《正义》说:"享帝尚质,特牲而已,故直言亨。圣贤
既多,养须饱饫,故亨上加大字也。"①系辞通论中,形上形下、道与
器的关系在这里有直观的说明。又说:"亨饪所须,不出二种,一供
祭祀,二当宾客,若祭祀则天神为大,宾客则圣贤为重。"②所以礼
学中除去祭礼,宾客接待之礼也是最重要的。我们常说,最高的智
慧就是善于利用别人现成的智慧,鼎卦象辞中说"巽而耳目聪明",
正应了这一说。巽者顺也,能够供养贤人,必然获得他们的意见和
帮助,顺从善的建议,自然能够越来越心思聪明。孔子说耳顺就是
说他已经能够知言了。鼎卦中所讲的使我们想到先秦养士的风
气,如孟尝君,这说明经与史信息是统体完整的。而且从鼎卦我们
是否正好看到了战国风气的必然与成因呢? 所以易卦的历史性还
是首要的。《正义》的解释经常贯以无为而治的意思,所以说孔氏
疏是尊老庄学的也不为过当。《正义》说:"圣贤获养则忧其事而助
于己,明目达聪,不劳己之聪明,则不为而成矣。"③

　　九四象辞说:"覆公铼,信如何也。"④铼,糁也。糁(shēn)指谷

---

① 　王弼、韩康伯注,孔颖达疏:《周易正义·鼎卦》,《十三经注疏》上册第 61 页。
② 　同上。
③ 　同上。
④ 　同上。

类磨成的细粒,糁(sǎn)指米饭粒,大概就是精细的食物的意思。这本身又是一条古代生活的消息,因为《左传》中讲到晋国的国君要吃面食(像山西,现在就还是喜欢吃面食),而易爻中说到谷类碎粒食物。这说明古代中国人的食物结构、饮食结构与习惯和现在是一致的,种类上可能更丰富一点。这是完全有可能的,因为很多谷物我们现在已经不常吃了,基本上就是米饭和面食居主。鼎的脚断了,大概是鼎里面装的东西太多,负重不起,结果食物泼洒了一地,十分狼藉。渥就是沾濡的意思,大概烹调中的油腻也会引起人沾濡的感觉。但一般青铜鼎脚是不容易折断的,倒是古代一些三脚或多足的陶器更容易损坏,而且陶有时候容易烧裂。总之,易爻中讲说的事情肯定是古代生活中发生过的点滴小事,而这都会引起人的不祥感,这说明古代人在吉凶得失上是至为敏感的,弥漫了他们全部的生活。像祭祀这样的大事,出了差错就更不用说了。所以古代社会是一个多忌讳的社会,老子说,国家多忌而民弥贫,是经验之言。鼎倒了,脏了一地,坏了贵人的美食,这种事是防不胜防的,所以事后去说去纠缠也没用。但它容易使人联想到,承负自己力不能及的,最后肯定要坏事,还会伤及自身。往食器里少放一些求保险,这一点前见之明总是可以做的。所以鼎卦是一个生活气息很重的、有意思的卦。

节、涣

孔子讲不胜其任当然不是白说的,一方面有他对很多用事者的指责,另一方面也包括自己的学生在内。比如子路,孔子对他说知之为知之,就是指不能强行,凡事强为之必败。所以《论语》与系辞通论中发挥易卦爻义是消息相通的。简单些说，易卦爻（的变动）只是一些具体的阴阳，这些具体的阴阳情况通过各个卦爻得到具体的展示，孔子发挥爻义大体上都是这种情况。所以了解了系辞通论中的爻义发挥，我们就可以举一反三，《周易》卦系便都能把握，因为体例总是一样的。比如引节卦初九爻义说："'不出户庭，无咎。'子曰：'乱之所生也，则言语以为阶。君不密则失臣，臣不密则失身，几事不密则害成，是以君子慎密而不出也。'"①"不出户庭无咎"是就节卦初九而言，因为不出户庭也有凶的时候，如节卦九二。坤卦六四云"括囊"，就是闭结言语的意思，荀子曾引之说明哲保身事。我们看史书中记载的很多故事，像汉朝的一些大臣，宫里的事，一草一木都不对家里人说。家人一问及宫庭里的琐事、细节，他就闭口不言，所以华文化是城府很深的，渗透到每个人的生活习惯中。《正义》说"众共嫉怒，害此臣而杀之"，②说明言行周密这一经验是出自性命利害的。臣下借君主为工具互相残害，这是历史中的常事，所以性格严毅多忌的君主容易被人利用，而闷闷内明的反而容易御下，有时易于平稳局面。古代的政书和兵书都讲王如何不疑，如何取信道，这说明信不是德行，更是技术，是有讲究的技艺。赵高对胡亥说，人君深藏于密而不出，他靠这种哄骗揽权，与孔子所说当然不可同日而语，所以对古代人说的话是有一个把握度的。但法家讲法术势，讲御众术，在历史成因上也是必然的。正如六书出于自然，政术也是如此，到一定的时候、一定的地段，有些技术便势在必行了。因此脱离开泛道德学的是非批判，我

---

① 王弼、韩康伯注，孔颖达疏：《周易正义·系辞上》，《十三经注疏》上册第80页。
② 同上。

们认为像儒法百家的问题，还是从疏分的不同去看待较为合宜，倒
不是那么本质形态森然对立、绝隔的。

　　节卦说："节，亨，苦节不可贞。"①节者节止之义，制事有节，其
道乃亨。苦节指节制过度，如墨家节葬，以及种种节制自己的规
矩、行为。到底是节还是苦节呢？我们看古代的许多葬俗，确实很
有过度的地方。当然厚葬保存了文物，令后人受惠不少。《正义》
说："节须得中，为节过苦，伤于刻薄，物所不堪，不可复正。"②节义
涵盖宽泛，是不容易说尽的，所以节卦简略的处理是妥当的。一般
包容越是宽泛广阔的，意思越是大而化之，如果没有特别重要的具
体细节，它就显得无关紧要、不用说似的。象辞说："泽上有水，节
君子以制数度，议德行。"③节卦坎上兑下，坎为水，兑为泽，自然之
象取泽上有水。象辞说："'节亨'，刚柔分而刚得中。'苦节不可
贞'，其道穷也。说以行险，当位以节，中正以通。天地节而四时
成，节以制度，不伤财，不害民。"④实际上，《易》之为书，是供人们
使用的，而不是供人们论述的。如果逐节论述，难免会使人感到偏
枯。兑为说，坎为险，所以有说以行险之说。节之为义，其实还有
重要一层，就是指男女之伦，所谓"刚柔分、男女别，节之大义
也"。⑤像二程说饿死事小，失节事大，可能也不仅仅是书面的。
因为河南地方自古较为淫滥，从《诗经》里我们也能够看到不少消
息。其实子思的母亲就改嫁，所谓的圣门，家事亦如常人。《大戴

---

① 王弼、韩康伯注，孔颖达疏：《周易正义·节卦》，《十三经注疏》上册第 70 页。
② 同上。
③ 同上。
④ 同上。
⑤ 同上。

礼记·本命》中说:"妇有七去:不顺父母去,无子去,淫去,妒去,有恶疾去,多言去,窃盗去。不顺父母去,为其逆德也;无子,为其绝世也;淫,为其乱族也;妒,为其乱家也;有恶疾,为其不可与共粢盛也;口多言,为其离亲也;盗窃,为其反义也。"①规矩与理由都讲得很清楚,古代社会治家是极其实际的,因为齐家纯系功利要求。所以伯鱼死后,其妻遣去,可能是孔子的决定,就是不知道具体原因。当然,这也不是太大的事。因此,凡事要能看到书面以下,才有可能接近真实。《正义》说王者以制度为节,使用之有道,役之有时,这是很难兑现的。

节卦中的初九、九二两爻很值得比较。初九说:"不出户庭,无咎。"象曰:"'不出户庭',知通塞也。"九二说:"不出门庭,凶。"象曰:"'不出门庭凶',失时极也。"②两爻对比鲜明,凶与无咎,很快就变转了。即以爻位言之,初九在节卦之初,自行闭节也是理数之常。但九二处人道,又为阳爻,应是有为的时候,但是仍然自闭不出,这样节制就过头了,过当之行当然会有凶咎,所以初九与九二的情况完全是相反的。这大概就应了"苦节不可贞"的说法。从节卦初九、九二连续两爻的变易逆反就可以知道,世事的处置应对、行为的收放之际,其时机是极度脆弱的。知道通与塞,才能不失时,但人之所以行动迟疑,都源于怕闪失的心理,或者知识与判断上的没有把握,日用生活中常说的不求有功、但求无过就是节象。《正义》在解释中表露了对民人的极度偏见,说:"若不慎而泄,则民情奸险,应之以伪,故慎密不失,然后事济而无咎。"③这一意思与

---

① 王聘珍:《大戴礼记解诂》第 255 页。
② 王弼、韩康伯注,孔颖达疏:《周易正义·节卦》,《十三经注疏》上册第 70 页。
③ 同上。

孔子主张周密是相承接的。《正义》云："此卦承涣之后,初九居节
之初,故曰将整离散而立法度也。"①这是解释王弼的注,《系辞》中
讲到过的涣,是人文史的一个重要环节。文曰:"刳木为舟,剡木为
楫,舟楫之利,以济不通,致远以利天下,盖取诸涣。"可见涣本来还
与舟船的乘载之理有联系,因为水有浮力。最早的船大概就是将
大木头挖空,后来才发展出各种工艺制作,比如木头的削刨、制造
各种部件等。《九家易》曰:"木在水上,流行若风,舟楫之象也。此
本否卦,九四之二。挎,除也。巽为长、为木,艮为手,乾为金。艮
手持金,故挎木为舟,掞木为楫也。乾为远、天,故济不通,致远以
利天下矣。法涣而作舟楫,盖取斯义也。"②用互体、卦变等手法,
可以很容易地获得形象解释。涣卦说:"涣,亨,王假有庙,利涉大
川,利贞。"③涣大概还是涣散的意思,小人一盘散沙,君子正好建
功立业,以至于建立宗庙,所以说"王假有庙"。德洽神人,可济大
难,所以利涉大川。象辞说:"风行水上,涣,先王以享于帝立
庙。"④涣卦巽上坎下,巽为风,坎为水,所以有风行水上的自然之
象。风行水上,激动波涛,这是散释之象。这时候一切都是松散
的,也谈不上什么灾难,可以享于上帝以告太平。从风在水面上运
行吹送的自然物象我们也能够感受到一种和洽的氛围,它是偏于
宽松的。象曰:"'涣亨',刚来而不穷,柔得位乎外而上同。'王假
有庙',王乃在中也;'利涉大川',乘木有功也。"⑤刚柔是就九二、

① 王弼、韩康伯注,孔颖达疏:《周易正义·节卦》,《十三经注疏》上册第 70 页。
② 李鼎祚:《周易集解》第 455 页。
③ 王弼、韩康伯注,孔颖达疏:《周易正义·涣卦》,《十三经注疏》上册第 70 页。
④ 同上。
⑤ 同上。

六四说的,《正义》云:"险难未夷,方劳经略","乘木涉川,必不沈溺","故言乘木有功,王不用象,直取况喻之义,故言此以序之也"。① 涣卦在节卦前面,本来是解散的意思,正因为此,也会失去约束,所以有必要立节卦来收束一下,这些在《序卦》中讲得很明白。天下在散漫的时候,出来经略是很有必要的,尤其中国的社会最容易涣散。

小　过

涣卦讲的是水上的事情,小过卦是讲陆上。《系辞》说:"断木为杵,掘地为臼,臼杵之利,万民以济,盖取诸小过。"②这大概与农事有关系,虞翻曰:"晋上之三也。艮为小木。上来之三断艮,故断木为杵。坤为地。艮手持木,以阙坤三,故阙地为臼。艮止于下,臼之象也。震动为上,杵之象也。震出巽入,艮手持杵,出入臼中,舂之象也。故取诸小过。本无乾象,故不言以利天下也。"③《正义》云以"小用而济物",这就是说小过只是便利老百姓日常生活之用的,这与舟楫之事是不能相比的。小过卦说:"小过,亨,利贞,可小事,不可大事。飞鸟遗之音,不宜上,宜下,大吉。"④小过就是小小地过越的意思,它都着重在小事情上,不可能有大的作为和成就。比如说大家都浪费,于是有人出来节俭,虽然有些做作过头;

---

① 王弼、韩康伯注,孔颖达疏:《周易正义·涣卦》,《十三经注疏》上册第70页。
② 王弼、韩康伯注,孔颖达疏:《周易正义·系辞下》,《十三经注疏》上册第87页。
③ 李鼎祚:《周易集解》第456页。
④ 王弼、韩康伯注,孔颖达疏:《周易正义·小过卦》,《十三经注疏》上册第71页。

但对矫世励俗却有作用,利在归正。而改变整个世风,强令全社会俭约却不可能。依此类推,凡事也都有这个道理在其中。而且小过卦在既济、未济卦前面,已排在最后了,它给人一种尾声的感觉。就像飞鸟这一比喻说的,不宜高飞,只能就下。飞鸟大概是指孤雁一类失群的鸟,所以其声甚哀。易卦总体来说不是喜剧的,而是悲调的。

　　象辞说:"山上有雷,小过。君子以行过乎恭,丧过乎哀,用过乎俭。"①小过震上艮下,震为雷,艮为山,所以自然之象为山上有雷。雷不出于地而出山上,这是过越之象。但过俭、过哀、过恭都是小事,是不会有风险的。从这里能看到什么呢? 至少历史中的儒,如果不是因为凡事都具有风险性的话,那么任何事情他们都是可能做的,这就是纯利害观。即如小小过越之事,因为无险便可以安然为之,虽然是道德化了的,但一阴一阳是不会偏亲道德的。象辞说:"小过,小者过而亨也;过以利贞,与时行也。柔得中,是以小事吉也;刚失位而不中,是以不可大事也。有飞鸟之象焉,'飞鸟遗之音,不宜上,宜下,大吉',上逆而下顺也。"②因为做的都是小事,所以说亨通吉利。但是我们也得考虑到另一层,就是老子说的:为大于其细,事善能。简单说就是从可以做的先做起来,无声无臭,水到渠成,如果是这样,那么也就用不着大大地过越了。用小过那种高明的办法和手段,也许效果更佳。从这里来说,大吉就是囊中之物了。这说明在古人眼里,没有一下就可以彻底解决的事情,所以不如抱过程的态度。结合前面的涣卦,从点滴我们都可以

---

　　①　王弼、韩康伯注,孔颖达疏:《周易正义·小过卦》,《十三经注疏》上册第71页。
　　②　同上。

看到,大陆人文最开始肯定是松散的,因此如何去收束它就是一个长时间的问题。也正因为东亚大陆自身的一些特点,所以它像一个世界的人文市场,什么样的种类都汇聚到这里来,尤其是在胡人掌握很多地方的治权的时候。所以,如果以为历史中的中国是汉统的那就错了,实际上它多半还是杂统的,并不纯化。也是从这里来论之,经典中保存的思想,能够多大程度地在历史中兑现,始终是一个问题。假如因为这些书面我们就以为有一个对应书面的历史,那显然误差太大了。易学的情况,也不例外。

其　他

卦爻变化的体例

我们从古人发挥卦爻义,就可以知道《易》之体例,举一反三是不难的。关于《易》的变化,各卦与各卦之间,各爻与各爻之间,都有一定体例可循,知道了简单基本的核心,自己就可以操作了。历代学者对《易》的体例有不少阐发的著作,其中焦循是有代表性的一位。在注"天尊地卑、乾坤定矣"①时,焦循说:"明《易》首乾坤,而乾又先于坤,有地必有天,故有母必有父,有民必有君,夫妇定而后父子亲,君臣定而后上下辨,伏羲本天地以定夫妇父子君臣,因定乾坤二卦,三纲自是始立,为万古不易之道也。"②很明显,焦循治《易》还是本以圣人学问的情结,这是与传统一致的。在说"方以类聚"时他说:"方,旁也,谓旁通也。类,犹似也。"③触类旁通,这是最普通的运思手段,可见方不仅有类聚,还有类通的意思,焦循的解释是有道理的,虽然他专门是从易学上去说。方必然是与通

---

① 王弼、韩康伯注,孔颖达疏:《周易正义·系辞上》,《十三经注疏》上册第75页。
② 焦循:《易章句》卷七,《雕菰楼易学五种》上册第157页。
③ 同上。

类有关系的。可以这样说，一旦某些类达成可成立的一定关系，那么就必然有一个方建立在那里。方是古代人的习惯说法，但这并不妨碍今人对它的理解运用。焦循说："余学《易》所悟得者有三，一曰旁通，二曰相错，三曰时行，此三者皆孔子之言也。"①旁通、相错、时行其实就是焦循总结出的易学体例，因为不是研究焦循易学，所以这里不能展开。但我们可以随举一个例子，大致上看一看焦循是怎样解《易》的。比如解卦，"解利西南"，注云："解则二之五成萃，萃下坤，西南也，家人上来之三，则利西南也。"②

　　把解卦的二爻与五爻对换就成了萃卦，萃卦坤下兑上，所以会有"利西南"之说。而家人卦相对于解卦，每一位的爻都正好是阴阳对反的。在解释九四"解而拇"时，焦循说："家人通解，宜以二先之五，不以二之五，而四之初成临，临上坤为母，拇犹母也。"③这是用到了训诂与卦爻变动等综合手段，解卦的四爻与初爻对换就成了临卦，临卦兑下坤上，所以有坤为母等解说。看到这些，我们自然想到了汉人解《易》的旧路。焦循通过卦爻之间的各种变化转易，将每一卦爻都落实到其他的各个卦爻来加以解说，这种做法，会不会有板滞的毛病呢？因为我们知道，每一爻、卦的立辞内容都是约定的，而不是既定的，牵合辞义以解卦，会不会就完全没有问题？像这样解卦，可以疏通的可能情况相当多，未必就止于一种。焦循说家人上之解三，案家人卦上爻说："上九，有孚，威如，终吉。"象曰："威如之吉，反身之谓也。"④而解卦三爻说："六三，负且乘，

① 焦循：《易图略·叙目》，《雕菰楼易学五种》下册第839页。
② 焦循：《易章句》卷二，《雕菰楼易学五种》上册第60页。
③ 同上。
④ 王弼、韩康伯注，孔颖达疏：《周易正义·家人卦》，《十三经注疏》上册第50页。

致寇至，贞吝。"象曰："'负且乘'，亦可丑也。自我致戎，又谁咎也。"显然家人卦与解卦处处都有一种对比性，家人卦说到家道正，解卦讲到小人之道；家人卦言"反身之谓"，解卦说"其来复吉"。各个卦、各个爻之间的连串关系不仅与符号本身的代换相关，而且也直接与辞义相关，这两种因素是并存并行的。所以，我们知道了其中的演运体例，我们自己就可以独立不拘地观卦，这里面不存在僵化的限制与依托。焦循的著作，只是向我们具体展示了观《易》的方法。从老阴、老阳、少阴、少阳，七八九六的阴阳变动中，可以看到，任何一个卦都可以变为其余的所有各卦，只是从自身的一爻变动、二爻同时变动，到五爻、六爻同时变动，纷繁不等罢了。从下面列举的两例图示我们就可以看得很清楚，乾卦与颐卦可以变为其他各卦，符号演算非常自然，这也是《易》的体例。

颐	大过									六爻皆变
复	益	噬嗑	贲	损	剥					一爻变动
夬	姤	恒	咸	困	井					五爻变动
乾	需	讼	习坎	遁	大壮	蹇	解	萃	升	革　鼎
巽	兑	小过								四爻变动
坤	屯	蒙	临	观	无妄	大畜	离	晋	明夷	家人　睽
震	艮	中孚								二爻变动
师	比	小畜	履	泰	否	同人	大有	谦	豫	随　蛊
渐	归妹	丰	旅	涣	节	既济	未济			三爻变动

乾 坤　　　　　　　　　　　　　六爻皆变

夬 大有 小畜 履 同人 姤　　　　一爻变动

复 剥 比 豫 谦 师　　　　　　　五爻变动

兑 大壮 大畜 中孚 无妄 遯 大过 需 革 睽 离 鼎　　二爻变动

家人 巽 讼

泰 损 益 否 咸 恒 节 随 归妹 噬嗑 旅 渐 贲　　三爻变动

涣 未济 既济 井 丰 蛊 困

临 颐 观 萃 小过 升 晋 解 艮 蒙 蹇 习坎 屯　　四爻变动

震 明夷

《易传》散论

系辞通论中讲到的都是一些基本的看法、认识，这些观念一直横贯在华文化史中。像《序卦》说："有天地，然后万物生焉，盈天地之间者唯万物。故受之以屯，屯者，盈也，屯者，物之始生也。"[①]实际上，这表达了一种大而化之、疏而不失的平列观。就是说，弥盈在宇宙中间的都是物，也只有物，所以荀子以物为大共名，就是推的上限。但是物的世界是有质的世界，因而是形而下的，宇宙就是形而下，而万物的质地只能有一个归结，那就是气，即元气，也称气质。因为各个不同的理，所以有了千差万别的品物。金木水火土

---

① 王弼、韩康伯注，孔颖达疏：《周易正义·序卦》，《十三经注疏》上册第95页。

也都是气,不过讲得更具体些。所以气是一,理是多,根据同异法
则,物的各异都是由理来确定和决定的。基本上中国古代思想提
供的框架是最简单的可能框架,这一套系统是必然的,无法作机械
的断代划分。在物上面起来的就是事,比如说没有人类,也就不会
有人事。但是有与无只能是形而下的分野,因为在形而上,一切都
是有的,这也就是理有。这样,既然一切都是事与物,那么我们每
个人便能安然地面对这些堆聚、群集,而心中完全有底,用不着慌
忙了。剩下的就是去如何料理这一切,所谓物有本末,事有终始轻
重,知所先后,则近道矣。我们需要对事物分理、排列出一个层次
来。华文化自初始即将重心确认在人事上,而非自然物理,这正是
最明白的说明。因为事物就是一个平列层,即一个又一个,所以对
待它们,必然会有的放在前面,有的搁在靠后。比如技术与工艺就
会放在人文与政治后面的辅助位置,因为技艺是容易饱和的,它只
是个手段和初步,是一个必备的条件,在人心的认识中,有比技艺
更重要的事情,这些都是很显然的道理,不用赘言。《说卦》云:"昔
者圣人之作《易》也,将以顺性命之理。"①这是意图目的,而"昔者
圣人之作《易》也,幽赞于审明而生著,参天两地而倚数,观变于阴
阳而立卦,发挥于刚柔而生爻,和顺于道德而理于义,穷理尽性以
至于命"②就是方法手段了。意图目的与方法手段当然是连通横
贯的,从著数到阴阳,到卦爻刚柔,到道德理义,再到性命理,这里
面的配套是非常齐整的,它们都属于《易》,统一于从圣人到天地。
《说卦》云:"天地定位,山泽通气,雷风相薄,水火不相射,八卦相

---

① 王弼、韩康伯注,孔颖达疏:《周易正义·说卦》,《十三经注疏》上册第 93 页。
② 同上。

错,数往者顺,知来者逆,是故《易》逆数也。"①数往知来,顺逆之
理,从中我们可以理解为什么古代人天然地对历史这样看重,从国
史,到家史,到个人史,配套严谨,像修齐治平那样,从小环节往大
环节,波纹年轮似地展开去。所以《易》其实就是提供一个统体的
人文的范模。

　　正如前面我们讲过的,《易》到最后,唯一剥不掉的就是阴阳。
也正因为阴阳剥不掉,所以一切也都可以存留下来了。当然,阴阳
不可剥首先还是照顾到专门的易学来讲的。《易》是主神明之妙的,
这是因为变本身就是难测的。比如拿气候来说,中国的节气是最多
的,而其他地方有很多只有八个节气,或者更少。因此,生活环境本
身透露给古人的消息就是主变的,从这里来讲,思想出乎自然,是完
全可以成立的论断。也正因为此,思想出乎自然,那么思想发生的
缘故及思想成就的类型,在人文生态上总是一一对应、全息配套的。
因此,从齐物与物性和谐思想来审视、衡论,思想不可以轻易地废
立,乃是显然的了。轻易兴废,其实还是反映了贪图现成的功利性
格,最后必然会受到惩罚,因为利益与利害总是使智识昏聩。那么,
性命理的关系如何理会呢? 尤其是"穷理尽性以至于命"这样的立
义,如何把握呢? 我们记得《尚书》中讲过自作元命的意思,只有从
命自作的意思去配合理解,穷理尽性的自然流畅才摆放得稳。实际
上,古人总是想着如何把自己的命发挥到极致,这说明他们的欲望
是丰富的,所以历史生活中罕有不痛苦的人。华文化配套出那样多
治理心性的理论也就不稀奇了,孔子可以算一个很好的例子。

　　《正义》说:"神之为道,阴阳不测,妙而无方,生成变化,不知所

---

　　①　王弼、韩康伯注,孔颖达疏:《周易正义·说卦》,《十三经注疏》上册第94页。

以然而然者也。"①这说明变化无论如何难以测知把握,都脱不出阴阳这一规定。蓍卦象数,这些本来是对应的。八卦错综成六十四卦,才能周备阴阳变化之理。观变于阴阳而立卦,充分说明《易》的核心就是阴阳一。关于性命理,《正义》有一段解释很重要,说:

> 命者生之极,穷理则尽其极也。

> 蓍数既生,爻卦又立,易道周备,无理不尽。圣人用之,上以和协顺成圣人之道德,下以治理断人伦之正义,又能穷极万物深妙之理,究尽生灵所禀之性,物理既穷,生性又尽,至于一期所赋之命,莫不穷其短长,定其吉凶,故曰"和顺于道德而理于义,穷理尽性以至于命"也。

> 命者人所禀受,有其定分,从生至终,有长短之极,故曰"命者生之极"也。此所赋命,乃自然之至理,故"穷理则尽其极也"。②

这里讲得很详细明白,不用重复。我们可以知道,后来理学的发达在历史中是必然的。韩康伯说:"在天成象,在地成形,阴阳者言其气,刚柔者言其形,变化始于气象而后成形。万物资始乎天、成形乎地,故天曰阴阳,地曰柔刚也。或有在形而言阴阳者,本其

---

① 王弼、韩康伯注,孔颖达疏:《周易正义·说卦》,《十三经注疏》上册第93页。
② 同上。

始也；在气而言柔刚者，要其终也。"①理是一个通称，也是一个共名，它包括物理、事理一切道理在内，既指有理性，也指合理性。如前所述，扇子之所以造出，是因为有扇子的理，这属有理性一边；我们说，这样做是完全道德正义的，这属合理性一边。易道顺性命之理，这一态度与齐物、与物性和谐是连贯的。古人说，善出奇者，不绝如江河；老子说，大制不割。这些都说明，世界的治理完全可能用少伤害的、高妙的办法去达成、实现，根本用不着蠢笨地付出沉重代价去换得。用代价换取一点的，肯定是缺少办法、无能的人。《正义》说："其立天之道有二种之气，曰成物之阴，与施生之阳也；其立地之道有二种之形，曰顺承之柔，与特载之刚也。"②刚柔看来是从地形品物总结出来的，比如石头硬，土软，这些是对大地的观察。数往知来，《易》逆数之，既有前定的意思，又有与时相终始的想法，这都是人心的正常欲望。

为了更充分地说明问题，我们不妨参考一下《大戴礼记·易本命》中的内容，看看能有什么收益。

子曰："夫易之生人，禽兽，万物，昆虫，各有以生。或奇或偶，或飞或行，而莫知其情，惟达道德者，能原本之矣。"③

我们只要通观全篇，就会发现《易本命》是儒家学者留下的一篇博物学概论，它的基本思想就是经典中讲的理治万物。文云：

---

① 王弼、韩康伯注，孔颖达疏：《周易正义·说卦》，《十三经注疏》上册第 93 页。
② 王弼、韩康伯注，孔颖达疏：《周易正义·说卦》，《十三经注疏》上册第 93—94 页。
③ 王聘珍：《大戴礼记解诂》第 256 页。

　　　　故王者动必以道,静必以理。动不以道,静不以理,则自
　　天而不寿,訞孽数起,神灵不见,风雨不时,暴风水旱并兴,人
　　民夭死,五谷不滋,六畜不蕃息。①

　　这说明王者的动作会直接影响天地间的阴阳之和,所以凡一
举动必须遵守合乎阴阳中和的道理。由于王者具有极大的威权,
可以征用巨大的人力和物力,所以破坏性肯定也是超强的。历史
上黄河多次改道,再不能还原,与古代诸侯国为了自己的军事私
利,任意对黄河做手术有关。而改道以后,水患又大大地滋生了。
所以天地之和,并不是古代人一个神秘的说法,中国的学说思想很
少虚玄的东西。这里道与理的用法值得我们留意,有动静的两分。
道就是道路的意思,无论历史学说思想如何发达,道路这一基本义
都始终保持,比如国家应走什么道路,人走什么样的道路,物运行
于什么轨道,等等。道的意思既简单而又难以脱出去。所以,道与
动联系在一起是很平常的,因为动就必须循着一定的道路,否则会
是盲目的和负面的。王者对待万事万物,当然也应该规定在某一
轨道上。理是安静的,比如说世界上有石头,一定是有石头的理,
但理不是像路那样直接与动相扣的。孔子既然说物情难以知测,
惟达道德者能原本之,道德之名显然是指能够确当地合乎一定道
路地得天下,这种人才能推原万物之本,这个意思应该是不错的。
所以道德绝不是像我们日常生活中那样粗略理解的,只是评价好
人坏人之类,道德在古代思想中是有某种专用义指的。比如经典
中讲的古代圣人以火德王,以土德王,或者以某种事功、功业得天

---

　　①　王聘珍:《大戴礼记解诂》第 260 页。

下之类,民知火食、知居室房屋与人伦,这些有益的事当然是在正确道路上的,所以道德的意思,应该是指人文在确当的轨迹上,这才是原始的理解,上代留下的故事说明了这一点。

孔子既然讲到能够推原其本,所以往下作了很多具体解释。比如说:

> 天一,地二,人三,三三而九,九九八十一,一主日,日数十,故人十月而生。八九七十二,偶以承奇,奇主辰,辰主月,月主马,故马十二月而生。七九六十三,三主斗,斗主狗,故狗三月而生。六九五十四,四主时,时主豕,故豕四月而生。五九四十五,五主音,音主猨,故猨五月而生。四九三十六,六主律,律主禽鹿,故禽鹿六月而生也。三九二十七,七主星,星主虎,故虎七月而生。二九十八,八主风,风主虫,故虫八月化也。其余各以其类也。①

这一类解释,很典型是象数学思路的。我们知道古代人的经验结果是不会错的,但他们给出的所以然却是我们思考的重点。实际上,一旦动用上限思维,我们就会发现最简单的事都是很难解释回答的。就像一加一等于二,我们无法证明它,只能使用它。比如医理研究表明,大脑的某些组成、机能负责某些功用。这一类说法很明显还是经验结果层次的和形态的。为什么这一种组成就会有这一个功用? 就像追问说: 为什么大脑就要思考? 实际上我们还是很难回答。我们只好说:之所以这样,这种组织有这一功用,是因为有它的理。医学当然只需要清楚什么器官有什么作用就行

---

① 王聘珍:《大戴礼记解诂》第256—257页。

了，它只过问经验技术与可行操作，所以理学与具体学问分工不同，理是负责上限的，所以理也最难推进。用数去解释象的所以然，这与用理去回答一切的所以然，显然都是上限的思维。兽医学可以回答说狗三月而生，以及为什么三月生而不是其他情况，种种经验、医理、生理解释，但都不是上限的。物情当然与造成他们的综合环境有关系，比如大型的、发展演化得比较高级的动物，孕期就相当长。像大象，接近两年才生小象，因为大象不担心猛兽，所以它的生理、生活节律是比较从容舒缓的。而很多在夹缝中求生存的动物，它们的一切都是抢出来的。比如要迅速繁殖，迅速长大，等等。所以从这里来说，物情本身也是原因。《说文》是讲虫八日而化，不是八月，但事实情况是虫类千差万别，有的在地下蛰伏好多年才出现在地面，所以八日化、八月化并不能拘泥地去追究。虫多生非类，比如毛毛虫变成蝴蝶，所以化的意思就是说物象相去悬殊的变化。化的意思虽然平常，但它是古代学说中重要的内容。

> 故曰："有羽之虫三百六十，而凤皇为之长；有毛之虫三百六十，而麒麟为之长；有甲之虫三百六十，而神龟为之长；有鳞之虫三百六十，而蛟龙为之长，倮之虫三百六十，而圣人为之长。此乾坤之美类，禽兽万物之数也。故帝王好坏巢破卵，则凤凰不翔焉；好竭水搏鱼，则蛟龙不出焉，好刳胎杀夭，则麒麟不来焉；好填溪塞谷，则神龟不出焉。"①

很明显，这段话中，前面用的是"凤皇"，后面用的是"凤凰"，有

---

① 　王聘珍：《大戴礼记解诂》259—260页。

所不同。而主要是从"帝王"这一用语习惯，使我们很快想到这句话会不会是添加上去的呢？因为孔子的时代还是天子制的，通常是王者、君子、诸侯之类的用语习惯。帝王这样的字眼，会不会偷塞进了一个帝字呢？我们知道，古人大片地改造文本可能性很小，但在通篇某关节地方塞入一两个字却完全可行。比如帝王一语这里，原本可以用王，或者王者一类称呼，因为《礼察》中就说过：

> 我以为秦王之欲尊宗庙而安子孙与汤武同，然则如汤武能广大其德，久长其后，行五百岁而不失，秦王亦欲至是而不能，持天下十余年，即大败之。此无佗故也，汤武之定取舍审，而秦王之定取舍不审也。《易》曰："君子慎始，差若毫厘，缪之千里。"取舍之谓也。然则为人主师傅者，不可不日夜明此。……秦王置天下于法令刑罚，德泽无一有，而怨毒盈世，民憎恶如仇雠，祸几及身，子孙诛绝，此天下之所共见也。夫用仁义礼乐为天下者，行五六百岁犹存，用法令为天下者十余年即亡，是非明教大验乎！人言曰："听言之道，必以其事观之，则言者莫妄言。"今子或言礼义之不如法令，教化之不如刑罚，人主胡不承殷周秦事以观之乎？①

这可见汉初经学的时代感是很强的，经师讲学必然有现实的联系，所以我们上面的猜测也就不是没有道理的了。但正因为此，所以我们知道疑古是没有什么根据的。因为当代之事分得十分清楚，古今同异都在人们的监控下。后来《大戴礼》不如《小戴礼》长

---

① 王聘珍：《大戴礼记解诂》第 23—24 页。

久,也说明了汉人的选择由最初的激动趋于后来的理性这一事实,这是必然的。关于听言观行,有事注这一因素在内,像《韩诗外传》,就是关于诗学的事注。古人以实事作为义理的注脚,这是保证人文智识清明的很关键的一环。放大了说,经与史的关系,也有事注的关系在里面,一部廿四史就是扩大了的事实注脚。既然事是言的标准,那么对任何一种学说,我们只能用效果去评判。

古人对动物的分类,是从外观上去划分,羽毛鳞甲,都是生物的外象,今人的分类统计更加具体,但原理并未改变,只是测量上发展了,更为精准。圣人也算一种动物的金字塔尖,人与物只有轻重程度的不同。《易本命》说:

> 鸟鱼皆生于阴而属于阳,故鸟鱼皆卵。鱼游于水,鸟飞于云,故冬燕雀入于海,化而为蚧。万物之性各异类,故蚕食而不饮,蝉饮而不食,蜉蝣不饮不食,介鳞夏食冬蛰。龁吞者八窍而卵生,咀嚼者九窍而胎生,四足者无羽翼,戴角者无上齿,无角者膏而无前齿,有羽者脂而无后齿。昼生者类父,夜生者类母。①

十分明显,这是把物类贯串在阴阳上解释,就好像一根线串了很多颗珠子,所以孔子说:我不是知道得多,而是善于一以贯之。人们对物情的了解,都是从外象开始的,而外象上有相似的,内质上肯定相连带。比如说核桃,外形像人的大脑,而核桃确有补脑的作用。俗语说吃啥补啥。我们不可能靠食人脑来增益智力,所以

---

① 王聘珍:《大戴礼记解诂》第257—258页。

一切都是不一定的。易学正是不定原理的典范,在《易》那里没有意必固我的因果关系,因为因果关系是随时转换的。人们靠食鱼脑来变得聪明,借助万物皆禀的阴阳来调理自己,所以医食一理。比如用生长在阴湿地带的植物来排解身体内的热毒,因为热毒属于阳病,所以必然用阴药去济补。烫伤用冷水应急处理,原理也是一样,就是阴阳,所以医学与养生就是对阴阳链的使用。所以百科知识就是阴阳学问,百科技能就是阴阳操作。古人的思想,都出于对物情细致的观察。比如说鸟类,蜥蜴、鳄鱼,等等,它们吞咽食物的确是不像哺乳动物那样咀嚼的,而且都产卵,这与古代的恐龙一样,大概恐龙也是不怎么咀嚼食物的,恐龙极有可能分化到以后的鸟类、蜥蜴等动物门类去了,因为物种陡然地消灭是不大现实的,无论什么变化,一定有回旋的时间。地球上的鸟,有的每年都要在南北极飞一个来回,生命的可塑性是非常巨大的。知了吸食树汁,它有一支吸管,不能吃固体食物;蚕吃桑叶,用不着喝水,因为叶子中的水分对它已足够了。这种种事类,都旨在突出生物习性的对比性,而对比性经常又是最能说明阴阳的。大致上分起来,阴阳也有不同,有明确型的阴阳和模棱型的阴阳。比如说男女,这就是明确型的阴阳,但左右就很模棱了。即以世界上的风俗为例,有的人群尚右,有的人群尚左,有的历史段落以右为尊,有的以左为尊,所以是两摆的,不好确定,这些都是简单而实在的情况。

《易本命》说:

> 凡地东西为纬,南北为经。山为积德,川为积刑。高者为生,下者为死。丘陵为牡,溪谷为牝。蟾蛤龟珠,与月盛虚。
> 是故坚土之人肥,虚土之人大,沙土之人细,息土之人美,

耗土之人丑。是故食水者善游能寒，食土者无心而不息，食木
者多力而拂，食草者善走而愚，食桑者有丝而蛾，食肉者勇敢
而捍，食谷者智慧而巧，食气者神明而寿，不食者不死而神。①

　　这里从物解释到人，跨度是非常大的。它表明了一个态度，就
是古人认为凡事都有它的原因，天下没有无缘无故的事情。因此，
人心急切地想把握其中的原因。比如人的性质不同，与地土有直
接的关系，通常说的气质性，不仅在人，即使在动物也是切实存在
的。像苏北人长得滚圆憨胖，与土地的质量就一定有关系，所谓
"坚土之人肥"者，肥大概就包含现在我们常说的壮、强一类意思。
所以各地的民性也是各异的，比如山民就有性格险悍的一面，南方
人性格灵巧，北方人强猛滞重，因为中医上说，热生轻，冷生拙，南
方气候温和，所以人的生性伶俐，也就不奇怪了。丘陵溪谷有凸凹
之别，所以配合牝牡去说不是没有经验根据的，长在山上与生在谷
底的植物，阴阳性质就完全相异。《吕氏春秋》里面讲过："月望则
蚌蛤实，月晦则蚌蛤虚。"②这说明月球的运动对地球上的生物有
影响，月球会影响地球的潮汐。通常，水族性质都比较耐寒，所谓
温血动物、冷血动物，都与阴性有关。从原理上讲，火中不能生物，
而水中可以滋养万物。比如说一种水蜥，它的后肢断掉以后，还能
长出新的，甚至旁生出一支小肢，这种再生性、再生能力，充分说明
了阴性主生的道理。为什么只有女性能怀胎，就是因为阴性的缘
故。但是深海中，动物的雌雄性质特征就不是那么明显了，比如有

---

①　王聘珍：《大戴礼记解诂》第 258—259 页。
②　《吕氏春秋·精通》，《二十二子》第 656 页。

的动物雌雄性是可以自体转化的,有一种海马是雄性怀孕,这都说明在极阴的境况下,物性的雌雄性征不那么界隔鲜明的道理,这说明阴阳性才是宰控一切的。朱子讨论过人与物的聪明问题,说为什么植物没有动物聪明,而动物中为什么猴子最聪明,因为它最类人,等等。这些问题的关注,实际上很早就进行了,并且还引申出应用价值,比如食气、不食之类,与丹学中讲的辟谷等内容,很明显是一脉相通的。食谷者指人类而言,是说人类为灵长,智力最发达。像熊这样的杂食动物,经常食木果,所以暴戾凶猛而多力。应该说,阴阳是最本质的学问,没有任何东西能超脱出阴阳,所以善握阴阳,对人类生活有关键的影响,即以地球的情况而言,为什么南半球的生物情况与北半球就很有不同,比如说南半球的有袋类动物很多,而且保留原始物性特征的生物很多,这背后一定有阴阳顺逆错综的成因。像南美洲,虽然水土植物丰茂,但可供生命(尤其是动物)利用的资源却甚薄,有的城市,连续好几年滴雨不下,但它的那种干与中国北部的干旱味道又完全不同。而且,南北半球的四季据说也是相反的,北半球的夏天,正好是南半球的冬天。总之,从大概来看,北半球似乎比南半球更显得常态一些,常规的东西要多一些,这一定是阴阳的情况造成的。阴阳否,就会造成一些戾象,所以从这一层来说,世界上有许多事象我们可以用否卦去标示。孔子说多识于草木鸟虫之名,并不是简单地讲多一些机械的名目常识,而是说要对博物学的对象、材料进行思考,通过种种事象、物情了解、收获一些道理,所谓远取诸物、近取诸身,所谓万物皆备于我、君子善假于物也,以及格物致知,观象取义,观物穷理,等等,道理上莫不是贯通的。通过上面略举的例子,我们能够很清楚地看到这一层。

《系辞》说"动静有常,刚柔断矣",其实也只是一个轻重的区别,刚与柔在万物实体中也不是一定不易的。比如说霜与冰就明显有一个过渡关系,冰坚而霜柔,但履霜可以至于坚冰。像南极大陆的冰层覆盖,历经许多万年的堆积,厚度达数千米,就是最好的说明。"方以类聚,物以群分",显然都立基于分类基础上。所谓方者,比如大圆与小圆,无论是什么样的圆,都在同一个方里面,就是同属于圆,所以方是统类的。《正义》说:"方谓法术性行,以类共聚,固方者则同聚也。"①这就是方有类。"八卦相荡",是说阴阳来回递相推移,可见八卦的设立,确实是与事物的节律、律吕相关的。系辞通论中讲说的内容每一条都可以单拆开来,因为它们是古代人的常识,所以集结在一处也是很整齐的。"万物皆始在于气",所以说大始,古代学说中配合大始,还有太素、太初等环节,这会不会有架叠之嫌,还须讨论。简易知能,其所以成为《易》的核心,是因为人心所关切的是自己能多大程度地控制和把握这个世界,从中得到多少,所以《易》的原始推动,就是理学常讨论的人欲。大体上说,易卦爻位所表示的,其实都是阴阳的过程,阴往前推进,则阳往后退缩,阳往前推进,则阴往后退缩;或者我们可以视为一阳的进缩,说这就是阴阳推移,阴阳有种种观法,但不妨碍阴阳的一体。所谓六爻之动,其实就是阴阳律动,这一特点是明显的。我们所要追问的是,为什么易学知能这样强调简易乾坤,是否仅仅是因为可久可大一类事功效果呢? 从符号来分析,任何易变,都绝不超出单纯乾坤这一上限,它们只是更为具体、更底下的一些变动。举例来说,比如太极拳的练习,功夫尚浅时,就会处处都有凹凸不平、不圆

① 王弼、韩康伯注,孔颖达疏:《周易正义·系辞上》,《十三经注疏》上册第76页。

转的地方，而功夫深了，就会越来越接近标准圆，没有不活的。因此，各种不规则形的运动，都是在纯圆的运动这一限以下的运动，它们虽然更加具体，但不是最优化的上限选择。各卦的情况亦复如是，它们与乾坤相比，在阴阳上还有各种凸凹，因而没有达到易知易从、有亲有功的准度追求。系辞通论中讲到唯圣人能成就天地事业的意思，这与墨家大取思想中讲到的意思倒有一些对比性。《大取》说："天之爱人也，薄于圣人之爱人也；其利人也，厚于圣人之利人也。"①墨家的这一态度使我们想到其中是否包含有对大而无当的圣人思想的逆反，先秦时代的思想毕竟是意见歧出的。《正义》关于天下之理的解释很值得我们关注，因为解释中引用了老庄列的思想来辅助诠说，这与理学时代的习惯恰好相反。韩康伯说："天下之理莫不由于易简而各得顺其分位也。"孔颖达疏："若能行说易简静，任物自生，则物得其性矣。故《列子》云：'不生而物自生，不化而物自化。'若不行易简，法令兹章，则物失其性也。《老子》云：'水至清则无鱼，人至察则无徒。'又庄云：'马剪剔羁绊所伤多矣，是天下之理未得也。'"又说："此则赞明圣人能行天地易简之化，则天下万事之理并得其宜矣。"②这些都说明得理首先应理解为得宜，凡事都要恰如其分，因为事物的性位本分是各不相同的。这一思路与后来中国历史社会的形态基本是配套的。关于万物之性的思想，估计与大陆农事活动很有关系，因为就植物的情况论之，很明显就是性质各殊的，各种草药功效纷异，各具其用，很容易引发常人的顺应物性的观念。古人种植药材的历史大概也是渊源

①　《墨子·大取》，《二十二子》第261页。
②　王弼、韩康伯注，孔颖达疏：《周易正义·系辞上》，《十三经注疏》上册第76页。

甚早的。"天下之理得而成位乎其中矣",充分说明位分在人文中的核心地位。尊卑贵贱就是人为拟定的位,这是一种思维习性,各个人群都不短缺。事物本身只有同异,并无高低,所以贵贱要算是人文制定的游戏规则,否则就不便于操作。有必要说明的是,孔颖达《周易正义》的理路与理学是有不同的,它经常用到老庄列等思想资源,这与排老庄的意思很不类,这种情况与具体的历史社会有关系。朱子也认为《列子》是先秦的东西,大致在老与庄之间。这些历史消息,说明唐以前的中国社会与宋以后的中国社会,其间还是发生了很大的变异。

"圣人设卦观象,系辞焉而明吉凶,刚柔相推而生变化。"观象设卦大概还是人文早期的格物穷理活动,应该归属于格物论的范围,只不过设卦的制作、设计痕迹是非常重的,但与后世学术,理法一脉相承。因为卦只是单纯的符号,所以吉凶的判定必须通过文辞来表达。《易》三百八十四爻的委曲变化,实际上都脱不出六位中间的阴阳来回推移,错综编排。

《系辞》云:

> 象者,言乎象者也。爻者,言乎变者也。吉凶者,言乎其失得也。悔吝者,言乎其小疵也。无咎者,善补过也。是故,列贵贱者存乎位,齐小大者存乎卦,辨吉凶者存乎辞,忧悔吝者存乎介,震无咎者存乎悔。是故,卦有小大,辞有险易,辞也者,各指其所之。《易》与天地准,故能弥纶天地之道,仰以观于天文,俯以察于地理,是故知幽明之故,原始反终,故知死生之说。[1]

---

[1]　王弼、韩康伯注,孔颖达疏:《周易正义・系辞上》,《十三经注疏》上册第77页。

象是言说一卦总体的象义的，爻是言说各位具体的变化的，六位有一个人为的贵贱划分。案易辞是有一定体例可循的，比如说吉、凶、悔、吝、无咎这样的字眼，其包含的内容、意思、轻重程度就是有区别的。像元吉、有凶，这是从大的得失去说好或者是不好。如果仅仅是有一些小疵病，就会说有悔、君子吝了。无咎表示还可以弥补挽回。由此看来，易辞的分类（从判断吉凶上论之）是简单而齐备的。易卦是研玩变的，也许我们可以说事情有大小，或者人为地认为什么重要，什么不重要，但是有一点，就是宇宙中的万变本质上来说只有类的不同，而不能说明哪一种变就是一定高于其他变的，虽然乾坤两卦有特别的地位，那是因为乾坤相对最单纯的缘故，所以说"齐小大者存乎卦"，这与齐物的意思是相通的。从辩吉凶都存乎辞我们也能看出来，辞是古人长期演卦实践后附加的案语，是用来明确断告吉凶的指示。忧患于纤介之小，在不断的对过失的总结中发动向前，所以易道也是一种修补术。虽然事情有吉凶悔吝得失，但其中的缓急轻重是不一样的，有的危险一些，有的平和些。但无论程度如何，《易》作为把握宇宙天地的手段是意向明确的。就像织布一样，人在世界上也是不断地编织自己。《易》提供了这样一个简单的情况：人总是在显著与隐微、初始与终末之间来回反复推究的。这样看来，生与死的问题便不可能复杂玄妙。而事实是，人类对物理的考察到微观研究也就饱和了。

系辞通论中讲到象爻等问题的不止一处，虽然在说义上总体保持一致，但具体来说还是有区别。这使我们想到历史中孔子多端的一面，他对不同的学生说的话是有所不同的，所以后来各人对他的理解、传述也多歧出，虽然这不妨碍一贯与统一。《系辞》云：

　　圣人有以见天下之赜,而拟诸其形容,象其物宜,是故谓之象。圣人有以见天下之动,而观其会通,以行其典礼,系辞焉以断其吉凶,是故谓之爻。言天下之至赜而不可恶也,言天下之至动而不可乱也,拟之而后言,议之而后动,拟议以成其变化。"鸣鹤在阴,其子和之;我有好爵,吾与尔靡之。"①

　　赜就是幽深难见、深赜的意思。所谓"拟诸形容、象其物宜",这一意思不仅在易学中有表达,而且名学中也有表达,大体说来,都是要如事物本来的情况、真相的意思。《墨子·小取》中讲过:"夫辩者,将以明是非之分,审治乱之纪,明同异之处,察名实之理,处利害、决嫌疑焉。摹略万物之然,论求群言之比,以名举实,以辞抒意,以说出故,以类取,以类予。"②摹略一语便可以与拟象形容联合比参,因为万物之然,也就是万物所是的那个样子,很多时候是言语所不能表传的,或者是不能完全传达、传递所有信息的,表说不完。这些都属于指物明喻问题,《墨辩》讲得很清楚,同异是绝对的,所以相似性尤其是名理关注的重点,因为相似即意味着嫌疑,由此我们再看易卦系统中诸多物宜、六十四卦分别之类的说法,也就不觉得奇怪了。因此,我们大体上可以肯定地说,象虽然是人文中最早期原始的知识手段和途径,但它与后来的学问知识方法是一脉相承、不曾断绝过的。因为我们对物情物理的格致观取,大要皆不出摹略拟象的框框、范围。前人在摹略一词上曾有过断句的分歧失误,这都说明了义理上是否打通的问题。易理与名

---

　① 王弼、韩康伯注,孔颖达疏:《周易正义·系辞上》,《十三经注疏》上册第79页。
　② 《墨子·小取》,《二十二子》第263页。

理在理法上总是有着人文统一性的,也许指说方式不一样。这样看来,象是一个非常广义的义理核心,而古人对象的寄托,可能主要还是在于深微一边,不单是放在宏观显见上。《正义》说:"谓圣人有其微妙以见天下万物之动也。……既知万物以此变动,观看其物之会合、变通,当此会通之时,以施行其典法礼仪也。"①会通应该是指三百八十四爻的完全打通融贯,因为易卦爻系统是模拟性极明显的一个人为设计,一切具体的吉凶好坏变动全都体现在爻上面,这也就是当的意思,即当物。所以作为观者,人也应该顺应易象爻卦所显示的去行动、作为。正如《黄帝内经》讲医理养生时说的:"顺之则阳气固。"②这就是说,如果一个人顺应天地的阴阳节律去生活,那么他的生命的元阳就能够保养得很好,这个生命就可以维续长久,因为生命的根基稳健牢固。对易理的遵循也是同样的道理,如果违逆《易》所讲的、提示的去做,必然会有毁败损害的时候。"不可恶"也即指不能轻贱易理,这与畏大人之言在精神要求上是一样的。"拟议"大概还是指拟度讨论,因为我们不能忘了,模拟毕竟是《易》最基本的性质特点,所以如何研玩推求这些结果,就成为一个很细致的讲究,尤其是易卦爻本身的两摆性。因为我们知道,《易》是很典型的控制百分之五十这一概率可能的系统。由此,对《易》的把握也就具有了很大的余地和空间。所以说议是必然的。

　　《系辞》在这里引用了中孚卦九二来辅助说义,九二爻说:"鸣

---

　　①　王弼、韩康伯注,孔颖达疏:《周易正义·系辞上》,《十三经注疏》上册第79页。

　　②　《黄帝内经·素问·生气通天论》,《二十二子》第877页。

鹤在阴,其子和之;我有好爵,吾与尔靡之。"象曰:"其子和之,中心愿也。"①案九二爻上面是两个阴爻,即六三与六四,九二处下卦之中,本质阳刚,所以它象征着内怀信实本真,因为中孚卦本来就是与诚信相关的卦。九二在六三、六四下面,象征着隐蔽、掩蔽在重阴处,所以九二爻的中心意思实际上是讲诚信的共鸣与应和。《正义》说:"履不失中,是不徇于外,自任其真者也";"虽在暗昧,物亦应焉……不私权利,唯德是与,诚之至也"。② 鹤鸣是非常清越致远的,即使别的鹤看不见彼此所在的位置,但是只要一听见鸣叫的声音,就会相互应和。这个譬喻象征着人只要有真信,必然会招致响应者,无论在明处还是暗处,就好像用好爵与人分享。所谓诚信之人愿与同类相应,这是发自心底的,所以说"中心愿也"。因为这种应和是纯任自然的,不待勉强。系辞通论中援引九二是为了说明感应的道理与必然,所谓同类相应,不仅善会有同类相应和,恶也会有,这就是为什么一定要不厌其烦地拟议的原因。拟可能还包含做事之先周密详备地安排制定的意思,把细微深隐处都考虑照顾到,也就是前定。因为任何一个小的纤介末节,都可能感应来非常大的实际效果,所以才不能不慎惕戒惧到如此紧张的地步。由此,一阴一阳又得到了非常实例的说明,并不是只有善的一边才会有响应的,可见继善才是人为用功的重心。只是有一点,古人这样细心地去防止不好的发生,会不会"多藏必厚亡"呢? 就像老子说过的那样,城府过深的,反而都会丢光。我们看历史中的儒者每每在事功上如此失败和狼狈,本身又说明了什么呢? 的确,圣人可

---

① 王弼、韩康伯注,孔颖达疏:《周易正义·中孚卦》,《十三经注疏》上册第71页。
② 同上。

以对天下的万事万物具有过细的深辟的观察、体察，也可以在安排上达到常人无法识破和洞见的程度，但是否能完全做到顺之则变化合，还是有讨论检验的余地。因为过于深细，虽然可以减少许多损失，提高实效，但较之浑厚闷闷、疏而不失来，仍然不是最简易的。或者系辞通论中讲的，与老子说的本意一样，那就是另一个问题。

内在保持真信，不为外界所移，这是十分困难的。《系辞》讲感应（引中孚九二），不专指诚信动人，而更是一般地去说，拟议必须顺应合于阴阳变动本身，否则不好的便会被招来。拟议于善则善来应之，拟议于恶则恶来随之，就是感通的道理。由此看来，我们大概可以作一种两分：所谓拟象形容、变动会通，包括观爻系辞、断其吉凶，这些都是从事实论之，应该是属于一阴一阳一边的；而恶乱拟议，决定善恶好坏取去的环节，则应该是贴近继善一边的，因为这是人为性的。这样来看，《系辞》内容的安排、论议，对应还是非常整齐的。

《系辞》云：

> 八卦成列，象在其中矣。因而重之，爻在其中矣。刚柔相推，变在其中矣。系辞焉而命之，动在其中矣。吉凶悔吝者，生乎动者也。刚柔者，立本者也。变通者，趣时者也。吉凶者，贞胜者也。天地之道，贞观者也。……爻也者，效此者也，象也者，像此者也。爻象动乎内，吉凶见乎外，功业见乎变，圣人之情见乎辞。①

---

① 王弼、韩康伯注，孔颖达疏：《周易正义·系辞下》，《十三经注疏》上册第85—86页。

万物之象备在八卦之中显然只能从当物、拟示的角度去理解，所以设卦本身就是一个最大的取予，它把一切提取归结为阴阳三道，又反过来用卦去统摄一切。由于这种取予有特定的原始专门性，所以在正名上的要求也就须单另考虑。从八卦到六十四卦，经过错综重叠，爻位也自然增加了，由初位到上位，共有六位，所谓"周流六虚"，①所谓"六位时成"，都说的是六爻运变的奇妙。如果仅仅停留在八纯卦的地段，每一个卦只有三个爻，那么爻之运变也就不会像重卦以后那样丰富了。所以要扩充易理，使各爻的发挥充分化，就必须因而重之，具备六位。从数理上来看，这也是很好理解的。大致说来，由卦到爻肯定也是出于自然之序的。简言之，就是每一爻所指示给人的更加具体了，这些都通过爻下面系属的文辞传达出来。由于爻是当万事万物的变动的，而卦爻下面所系之辞是在长期经验操作的基础上得出而人为给定的，所以一切运变都包含在卦爻之中，通过系辞说出来。对人来说，每一项运动变化可以有好的与不好的之分，但就运变本身而言，它只是中性的，无所谓好坏。这可见人类的利害是扩大到整个宇宙的，它不仅与自然事物形成冲突，而且人与人本身更随在皆有利害冲突。所以说吉凶悔吝生乎动就一点不奇怪了。案易卦有一个基本的约定，阳卦两阴而一阳，阴卦两阳而一阴，这与"阳一君而二民，君子之道也，阴二君而一民，小人之道也"的思想是配套的。②《正义》中也讲过："夫众不能治众，治众者至寡者也。"③六位时成，各爻的变动都是有时位讲究的。对待吉凶的态度，《正义》援引老子守一无累

---

① 王弼、韩康伯注，孔颖达疏：《周易正义·系辞下》，《十三经注疏》上册第 89 页。
② 王弼、韩康伯注，孔颖达疏：《周易正义·系辞下》，《十三经注疏》上册第 87 页。
③ 王弼、韩康伯注，孔颖达疏：《周易正义·系辞下》，《十三经注疏》上册第 85 页。

的意思去讲解，①就是说，无论吉凶祸福生死，都只是单纯一阴一阳的变化罢了。因此，真正知道了变通的便不会有任何烦恼。好比一个人害怕死亡，愁苦不已，这是因为他在知上有问题，一旦他了解了死亡，无非是自然的阴阳推移结果，他就不会有忧烦了。这还是把一切归到了知上，只要知道了，行方面自然不发生问题。尤其《系辞》讲到"天地之道贞观者也"，这就是说天地之大无论如何也脱不出那一个简单的大而化之的看的范围，这与以简易之一御吉凶的思路是相应的。寂然不动、感而遂通不仅仅在物理方面为然，在人事方面，吉凶的发生都可以归结于人心对事物的感通。

　　大体说来，爻象的意思集中在仿效、显示、模拟、应验这些方面，不会距离太远，效验是古代人最关心的。所谓"功业见乎变"，这可见古人已经承认、面对了在变动中去成就的规则，因为这是不得不然的。从易辞中，我们可以体察到前人内心生活中点点滴滴的意思。《系辞》云："是故易者象也，象也者像也。彖者材也，爻也者，效天下之动者也。是故，吉凶生而悔吝著也，阳卦多阴，阴卦多阳，其故何也？阳卦奇，阴卦耦。"②"彖者材也"如何理解呢？《正义》解释材为才德，实际上，前面既然说到了"圣人之情见乎辞"，彖是总一卦大义与根本的，那么，它一定是指示人去遵照把握、加以利用的东西，材应该是从这种可用性上去讲的。《正义》说："易卦者写万物之形象，故易者象也。"③"象者像也"是指法象万物的意思，六爻仿效天下之物发动，象、爻、辞、彖、卦等等，这是一个配套

---

①　王弼、韩康伯注，孔颖达疏：《周易正义·系辞下》，《十三经注疏》上册第 86 页。

②　王弼、韩康伯注，孔颖达疏：《周易正义·系辞下》，《十三经注疏》上册第 87 页。

③　同上。

系统,它们的基本意思是非常简单的,但是可说性却很广阔。《系辞》云:"《易》之兴也,其于中古乎? 作《易》者,其有忧患乎?"①又说:"《易》之兴也,其当殷之末世,周之盛德邪? 当文王与纣之事邪? 是故其辞危。"②这里已经明白无误地说明了《周易》与文王的关系,因而,在历史上《周易》的成形时段也是清楚的。因为《大学》中讲过心有忧患则其心不正,我们今天看到的易书是充满忧患的,这是因为文王遭商纣之厄,所以其辞甚危的缘故。因此总体上说,易书的成因与道理《系辞》中都交待得十分明白。又说:"《易》之为书也不可远,为道也屡迁,变动不居,周流六虚,上下无常,刚柔相易,不可为典要,唯变所适。其出入以度,内外使知惧,又明于忧患与故,无有师保,如临父母。初率其辞,而揆其方,既有典常。苟非其人,道不虚行。《易》之为书也,原始要终以为质也。六爻相杂,唯其时物也。其初难知,其上易知,本末也,初辞拟之,卒成之终。若夫杂物撰德,辩是与非,则非其中爻不备。噫! 亦要存亡吉凶,则居可知矣。知者观其彖辞,则思过半矣。"③

　　《易》在人文史上的演进发展本来是是分层次的,而且相当清楚,这些《正义》也交待得非常明白。说:

　　　　《易》之爻卦之辞起于中古,若《易》之爻卦之象则在上古伏牺之时。但其时理尚质素,圣道凝寂,直观其象,足以垂教矣。但中古之时,事渐浇浮,非象可以为教,又须系以文辞,示

---

　　① 王弼、韩康伯注,孔颖达疏:《周易正义·系辞下》,《十三经注疏》上册第89页。
　　② 王弼、韩康伯注,孔颖达疏:《周易正义·系辞下》,《十三经注疏》上册第90页。
　　③ 王弼、韩康伯注,孔颖达疏:《周易正义·系辞下》,《十三经注疏》上册第89—90页。

其变动吉凶,故爻卦之辞起于中古,则《连山》起于神农,《归藏》起于黄帝,《周易》起于文王及周公也。①

这样看来,我们今天看到的群经之首,还是从商纣那个时代留下来的,而且里面的很多内容直接与他相关,这个应该是没有什么问题的。由此可见,中国的历史无论看上去如何久远,其实仍然(至少是它的信息)活生生地在我们日用身边,并且相当确凿、具体。这就是华文化的典故根性,一切实际上都是典故,毫无虚玄可言。除非人们好骛高玄,但那是另一回事。易书是不可以远离、违背它的,因为《易》完全是紧扣阴阳之理的。阴阳的道理、原理宰制一切。其实《易》之体例都不能脱离"周流六虚"这句话,无论是什么变,都是在六个位中间进行,尽管变是没有定准的,但只要把握了这一点,自己就完全可以进行独立的运用操作了。所以我们说《易》是一个使用对象,而不是一个论述探讨对象,那样就完全搞颠倒了。就像许多人以为华文化需要终身投入地去探索,也完全是本末倒置,把现成的工具当作了对象,这是很值得检讨的问题。因为太现成了,最后可能反而不现成,古人说止于至善,这句话是最可反省的。按照《系辞》中讲的,一个卦的实质在初爻与上爻,因为这是代表终与始的。通常初始都不容易知道了解,因为事物的进展根本是难测的;而上爻代表终末,一切都已经明朗化,所以是易知的。事实是,如果我们真的分清了阴阳,凡事其实是可以预见的,因为任何事情,其过程都只是阴阳性的连续环节,或者说连续的阴阳环节。至于说要求推原其类,明晓其故,也是为了实行易

①　王弼、韩康伯注,孔颖达疏:《周易正义·系辞下》,《十三经注疏》上册第89页。

道。正像老子说的，天下莫不知而莫能行，如果按照易道切实去做，那么一定会道不虚行的，这与前面讲过的百姓日用不知在意思上有一个照应作用。《正义》说："形而上者可以观道。"①了解了象辞中所讲的，对一个卦的把握也就差不多了，因为卦的总体内容在大象。各个爻当中，中爻的地位是无可替代的，这就是二、五两爻，因为它们表人道。从这里我们大概也可以回答中国古代社会为什么没有宗教的问题。

《系辞》说：

> 二与四同功而异位，其善不同，二多誉，四多惧，近也。柔之为道，不利远者，其要无咎，其用柔中也。三与五同功而异位，三多凶，五多功，贵贱之等也。其柔危，其刚胜邪？……是故，变化云为，吉事有祥，象事知器，占事知来，天地设位，圣人成能，人谋鬼谋，百姓与能，八卦以象告，爻象以情言，刚柔杂居而吉凶可见矣。变动以利言，吉凶以情迁，是故爱恶相攻而吉凶生，远近相取而悔吝生，情伪相感而利害生。凡《易》之情，近而不相得则凶，或害之，悔且吝。②

因为前面讲到一卦的初上两爻是什么情况，所以这里专门说二、三、四、五爻，这样就完整了。二与四的定位偏阴，三与五的定位偏阳，但二、五为人道，所以多誉多功是不奇怪的，三、四处在上下体的转接之际，所以多惧多凶也就很自然了。因为二与四、三与

---

① 王弼、韩康伯注，孔颖达疏：《周易正义·系辞下》，《十三经注疏》上册第 90 页。
② 王弼、韩康伯注，孔颖达疏：《周易正义·系辞下》，《十三经注疏》上册第 90—91 页。

五分处一卦的上下体，所以说异位。从"圣人成能"一义我们也可以知道，天生、地养、人成三者中，人成是真正的核心，所以易道才会以人道为重，即中爻所表示的。但《系辞》中的论说，也不代表古代思想的一律，因为《黄帝内经》中讲过："谨熟阴阳，勿与众谋。"①这种思路，显然是与人谋与能不同的。大概易道专注的是王道之事，而《内经》关注的是养生、摄生之事，王者当然是需要有人众跟随的，也许透过这一同异我们可以看到政事与养生的关系。鬼谋容易理解，因为占卜之事是向鬼神问询。通过观察《系辞》的论说，我们似乎有这样一种感觉，好像《易》之言利害完全本以中性的态度，尽管各卦中经常讲到必须贞正，但与其说那是出于道义，不如说是出于明智。我们今天关注的道德、正义诸问题看不出在易学中有什么重心地位，因为道德与正义是否成立的确是一个有待追问的问题。我们通常以为容易成立，不成问题的其实只是道德学与正义论。假设我们先且作一个历史的回答或定说，那么，所谓道德与正义，就是人类在地狱中的愿望与要求，文王的经历实在地算一个例子。所以，道德与正义是什么，我们只容易去历史地回答。也许易道取中性的态度是对的、本质的，因为只有一个阴阳的世界，一切都是无生命的，只有赤裸的利害悔吝、吉凶得失，游玩于刚柔之际，操控于顺逆之间，这已经成为不用说的历史了。因此，对待诸问题的办法有两种，一种是纯理的，一种是历史的（或称事实的），人类只能在此两者中间取择。从相攻、相取、相感、相得，以及吉凶、利害、远近、爱恶、情伪等等申说综合观之，我们完全可以看到，除了变是真正核心首位的以外，一切都是不一定的。人因为自

---

① 《黄帝内经·素问·阴阳别论》，《二十二子》第884页。

己的心理而发生各种利害关系,本身就说明人与人之间并无所谓是非对错,而只有相合与不合,这才是唯一的现实与事实。情谓实情,虚伪实际上也是一种实情,只是在人的主观中它是虚伪罢了。所以《易》提供的变易观,本身也是中性事实观的,这是《易》的基本性质。

《系辞》云:"显诸仁,藏诸用,鼓万物而不与圣人同忧,盛德大业,至矣哉。富有之谓大业,日新之谓盛备,生生之谓易。"①天地生物不已,实实在在地利益于万物。正如墨家说的:天之利人也,厚于圣人之利人也。一样的道理,天地显见仁功、衣被万物,但是它何以会有这样的功用,却似乎深藏不露,而且这种功用也是潜藏于无声无臭之中的。这大概道出了古人探求易道的原动,是非常关键的消息。关于"鼓万物而不与圣人同忧"一义,正可以与《大取》开头讲的比参(无论儒墨的意见如何),在学理上两者是完全统一的。天地自然虽然事实地鼓荡化成万物,但它对万物是谈不上什么心迹的,只有圣人才会劳神用心经营这个世界。所以说天道无亲,它是不会赞助人类的,只能说事实上它会被人类利用。所以天永远不会与人同忧,天道是无亲的,它就是自在的自己。因为这一基调认识,所以古人谈不到什么信仰,但他们有一些信念,信念与信仰是完全不一样的。比如说,我坚信这样下去必然亡国,这可以说是信念,是知识判断上的,但不能说我信仰这样会亡国。古代人既然认定天道是无亲的,这可能也有历史的作用,推动大家看到本质,那么他们就不会再在无谓的事上多纠缠了,而会直奔主题,就是自己来握变。所以才会有盛德大业的理想和富有日新的欲

---

① 　王弼、韩康伯注,孔颖达疏:《周易正义·系辞上》,《十三经注疏》上册第78页。

望,这一"广大悉备"的动力是毫不奇怪的。

孔 子 之 言

大体上说,系辞通论表述的思想都与孔子有关,而《系辞》中直接记录孔子言语的也有多处,我们不妨把它们集中在一起看看,也可以作一个结束。子曰:

> 《易》其至矣乎,夫《易》,圣人所以崇德而广业也。知崇礼卑,崇效天,卑法地,天地设位而《易》行乎其中矣,成性存存,道义之门。①

> 知变化之道者,其知神之所为乎?《易》有圣人之道四焉:以言者尚其辞,以动者尚其变,以制器者尚其象,以卜筮者尚其占。是以君子将有为也,将有行也,问焉而以言,其受命也如响,无有远近幽深,遂知来物。非天下之至精,其孰能与于此?参伍以变,错综其数,通其变,遂成天下之文,极其数,遂定天下之象。非天下之至变,其孰能与于此?《易》,无思也,无为也,寂然不动,感而遂通,天下之故。非天下之至神,其孰能与于此?夫《易》,圣人之所以极深而研几也。唯深也,故能通天下之志;唯几也,故能成天下之务;唯神也,故不疾而速,不行而至。②

---

① 王弼、韩康伯注,孔颖达疏:《周易正义·系辞上》,《十三经注疏》上册第79页。
② 王弼、韩康伯注,孔颖达疏:《周易正义·系辞上》,《十三经注疏》上册第81页。

　　夫《易》，何为者也？夫《易》，开物成务，冒天下之道，如斯
而已者也。是故，圣人以通天下之志，以定天下之业，以断天
下之疑。是故，蓍之德圆而神，卦之德方以知，六爻之义易以
贡。圣人以此洗心，退藏于密，吉凶与民同患，神以知来，知以
藏往，其孰能与此哉？古之聪明睿知，神武而不杀者夫。是以
明于天之道，而察于民之故，是兴神物，以前民用，圣人以此齐
戒，以神明其德夫。……往来不穷谓之通，见乃谓之象，形乃
谓之器，制而用之谓之法，利用出入，民咸用之谓之神。

　　书不尽言，言不尽意，然则圣人之意，其不可见乎。

　　圣人立象以尽意，设卦以尽情伪，系辞焉以尽其言，变而
通之以尽利，鼓之舞之以尽神。

　　极天下之赜者存乎卦，鼓天下之动者存乎辞，化而裁之存
乎变，推而行之存乎通，神而明之，存乎其人，默而成之，不言
而信，存乎德行。①

　　天下何思何虑？天下同归而殊涂，一致而百虑，天下何思
何虑？

　　尺蠖之屈，以求信也；龙蛇之蛰，以存身也。精义入神，以

---

　　①　王弼、韩康伯注，孔颖达疏：《周易正义·系辞上》，《十三经注疏》上册第82—
83页。

致用也；利用安身，以崇德也。过此以往，未之或知也，穷神知
化，德之盛也。

　　阴阳合德，而刚柔有体，以体天地之撰，以通神明之德。
其称名也杂而不越，于稽其类，其衰世之意邪？夫《易》彰往而
察来，而微显阐幽，开而当名，辨物正言，断辞则备矣。其称名
也小，其取类也大，其旨远，其辞文，其言曲而中，其事肆而隐。
因贰以济民行，以明失得之报。①

　　易道所寄托的，在广大其用，我们以前用体用说《易》，看来是
不错的。而易用的广大，简单一些说，可以归结为扩充。我们还记
得孟子讲过扩而充之，他列了四端，而事实是，这个世界的端极是
多样的，一个人开列出怎样的几端，只能表明他所关心的在哪几
项。善端不一，当然都可以扩充。比如在兵器学上扩充的，它就可
以威压世界，在农事上扩充，与在商业上、实业上扩充，造成的国家
就是不一样的，所以说崇德广业，单就广业一方面说，便是实在的
现实法则。"知崇礼卑"是一个很重要的观念，它与《易》之知能观
是相承接的。因为知与礼在阴阳性上是相反的：知都是向上的，
礼都是向下的。老子说大国者下流，正是礼卑的意思。《正义》说：
"知既崇高，故效天；礼以卑退，故法地也。"②《易》以知礼为用。这
个世界是有许多恶端的，恶端也会扩充，所以愚者就很难应对诸
事。天地其实只是变易的场所，而真正的道义就在于存成物性。

---

　　①　王弼、韩康伯注，孔颖达疏：《周易正义·系辞下》，《十三经注疏》上册第87—
89页。
　　②　王弼、韩康伯注，孔颖达疏：《周易正义·系辞上》，《十三经注疏》上册第79页。

万物、同异、性分、知礼都是一体安排的，质地非常致密，这与齐物思想是贯通的。"成性存存、道义之门"是孔子说《易》最关键的态度，这与他礼主分别的原则是一贯的。所以说夫子恶似而非者也，因为似即意味着嫌疑，而最终仍然是一个不是，他举狗尾草等诸多例子，①意思都统一于对乱分的忌讳，这样看来，孔子的思想是具体而简单的。《正义》说："物之存成，由乎道义也"；"此明易道既在天地之中，能成其万物之性，使物生不失其性，存其万物之存，使物得其存成也"。②《墨辩》中讲过在与存的问题，大概可以与此参照。宇宙万物，都是元气凝结而成的，所以到一定的时候就会消散，物形改变，或者成为异类。所以宇宙星体也只有阴阳两类：一种是阳性的恒星，比如太阳；一种是阴性的行星，比如地球。只是行星的密度各有不同罢了。材质也是多种多样的，但统一皆为元气阴结而成。所以宇宙质体的变化，大体上都可以归结为元气的聚散。由于鬼神也是有阴阳聚散的，所以说鬼神的变动情况与天地相似。我们知道，《系辞》中讲过不违、不过、不流、不忧，讲范围曲成、乐天知周，这与孔子说纵心所欲而不逾是否完全一致呢？这些两面的要求，其实都是利贞的意思，人虽然体物不遗，但并不流于污滥。鬼神与昼夜，道理上总是一样的，都是一种阴阳，有明白可见与隐晦的区别。因为已经知道了这个世界超不出阴阳的范围，所以乃能安然面对这一切。既然在知上已完全有底了，所以反而能够敦厚仁爱。我们在生活中也能发现这样一条经验，即在本质上更透彻的人，比其他人更加开通，能够更少地受定式的限制。

---

① 赵岐注，孙奭疏：《孟子注疏·尽心下》，《十三经注疏》下册第 2780 页。

② 王弼、韩康伯注，孔颖达疏：《周易正义·系辞上》，《十三经注疏》上册第 79 页。

华文化中，像乐天知命、安土敦仁，已经成为不用说的陈套了。

可以发现，《易》每次讲到神的时候，都是与用扣在一起的，诸如显道、神德行、可与祐神矣等等，都是指向神妙之用的。这种专一于实际之用的精神，颇能说明华文化的性根。所以古代学说的体，原是以用为目标的，比如武学就是按照这个构架去展开的。可以看到，从象到言辞，到意，这中间有一个由实入虚的过程，同时也极好地说明了人文的连延性。因为象是最具体的，而意已经到了可能的上限，言辞可以成为中间的连缀。这样，显示、表达、再到更高的程度，其中的顺序、过程是清楚明晰的。从这些基本原理性的东西，我们可以回答文化史中所有的现象。《正义》说言辞是用来宣布政教的，但是象、意哪一项又与政教无关呢？为什么古人会把许多事看作政余，这本身就说明了一切。韩康伯说："至精者无筹策而不可乱。"①这说明一旦打通了阴阳之理，可以不用占卜就能推知来事。尽管《系辞》说占卜应验有信好像响之应声。《正义》有一段论象数的话我们可以留意，它能很好地说明为什么古人会认同虚无的心理。文曰："凡自有形象者，不可以制他物之形象，犹若海不能制山之形象，山不能制海之形象。遗忘己象者，乃能制众物之形象也。"②这一能制众物者，大概也只有元气了。当然物形、物象是与理有关的，而元气的形象人讲不出来，虽然可以喻会。又说："若以数数物，则不能极其物数，犹若以万而数，则不能苞亿，以一亿而数则不能苞千亿、万亿，遗去数名者，则无所不苞，是非遗去其数，无以极尽于数也。"③可见，古代人的占有欲望与患得患失是

---

① 王弼、韩康伯注，孔颖达疏：《周易正义·系辞上》，《十三经注疏》上册第81页。
② 同上。
③ 同上。

极强烈的，正因为其心过大，所以往往导致多藏而厚亡的结果，这是必然的。因此，如果说人文中还包含着哪些明智的智慧，那么，这也是不得不然的，因为经验事实会使人承认并接受应该遵守的东西。《易》为天下故，无思无为，寂然感通。故大概就是《墨辩》中讲的大故的意思，因为《易》就是古代人认为的万物所得而后成的那一个，不可能是别的。只要稍微分别一下，我们就可以知道，天地宇宙的情况，其范围是简单的，也就是粗分为事与物两边。物体是与空间联系在一起的，而事体则与时间相联系，因为事是持续的。我们说物也与时间有关系，比如物、实体持续存在，这就是形而下的一个具体长短的时间段，但物体的持续存在本身就是一件事。自然世界的事情是简单的，虽然在时间上可能段落比较长，比如星体的生灭等。但人事却是复杂的，尽管时间上很短促，《易》就是对天地中间各种事的变动作类型总结，侧重当然是在人事，因为自然之事单纯。因此，无论《易》怎样讲对深微幽远的把握，事实是宇宙中的事体其复杂多变也是有限的，因为它不可能脱出变化的类型范围。而《易》对事类的归结已经饱和了，这与华文化喜欢对各个知识领域和学问门类作分套总结的习惯可能有关系。比如兵法对各种可能的谋略类型、种类进行提取、总归，达到饱和的程度。或者像用吹拉弹唱概括音乐，虽然通俗，但却是不错的。从体用性来说，《易》与九九乘法口诀是一样的，并不更加玄妙，《易》就是这么简单。所以用起来很方便。乘法口诀对算数作了某种总括，《易》对事类也是这样作变易总括的。所以《正义》说："一是至精，精则唯深也；二是至变，变则唯几也；三是至神，神则微妙无形，是其无也。"①

---

① 　王弼、韩康伯注，孔颖达疏：《周易正义·系辞上》，《十三经注疏》上册第 81 页。

《易》的简单孔子是早就明白讲过的,他说"如斯而已者也",就是说不过如此、不过是这样。那么,《易》的目的是什么呢?《易》的目的在哪里呢?孔子也说得很明确,他说:"夫《易》何为者也?夫《易》开物成务、冒天下之道。"所以《易》就是用来帮助人成就、应对天下事务的。《易》之六十四卦相对于占卦来说是比较固定的,得到一个卦指示会很明确,所以说"蓍之德圆而神,卦之德方以知"。因为占卦虽然游动于各卦之间,但最后占得的结果必须停在某一卦上。我们常说探索宇宙奥秘,其实宇宙只有情况,并没有什么真正的玄妙和奥秘,这是从道理上说。占卜只是为了把握将来的情况,由于人比万物复杂,所以人事也必然是宇宙中的金字塔尖,古代人是最实际、最本质的,因此但凡非实质的他们都会放到次要的位置。不过从"圆而神"与"方以知"我们似乎可以看到另一层,就是名理方面的情况。比如说"孤驹未尝有母"。① 为什么会有这样一个立辞?按照常规思维,我们看孤儿未尝有母亲这样一个说法,会认为是诡辩,但是很显然,这是把实体与分位两者混淆了,而没有了解名学思维的基则和起点。一个小孩,这个人作为一个实体,在生理上当然是有母亲的,但是如果他的母亲不在了,那么他的名分马上就是孤儿,孤儿就是在没有父母这一点上正下来的。因此,孤儿作为一个分位,此名分本身有异于那个小孩实体。一个人在一生中会在各个名分位子上滚来滚去,而各个分位是同异绝隔的。白马非马,种种名辩,抓住了这一绝对同异的基则,都可以很容易地了解。《正义》中说过,占卦本身就好像一个球在盘中滚动一样,而这个盘的范围就是六十四卦。名分是一种位置,名分不是实体,

---

① 《庄子·天下》,《二十二子》第87页。

所以名观与名理情况是特别的。实体只是在各个名分位子之间滚来滚去罢了，而名分、分位是固定的。《易》在人文史中，情况虽然较名原始，但是《易》与名两者之间很明显有着直接的联系，至少思维模式上是一致的。

　　《正义》在解释圣人"以此洗心、退藏于密"时，似乎不是从道德学的角度去说的，不像理学那样。而是说以占卜洗濯心中之疑，这是偏于事功的，但是合乎孔子的意思，因为孔子总在讲天下之志、天下之务，无疑这些都是事功的内容。由此，我们至少可以知道，孔子绝不是理学描画的那个样子，他本人是不缺少先秦纵横之士的性质与才能的。《正义》说："言其道深微，万物日用而不能知其原，故曰'退藏于密'，犹'藏诸用'也。"①圣人退藏、与民同患，与圣人无心会不会是一样的意思呢？《正义》也说过："故《老子》云'宠辱若惊'也。"②可见易义与老子的思想在古人那里是随时连带、不相排斥的。从神武不杀、"以前民用"这样的思想，我们能看到些什么呢？大概可以肯定，前定思想是直接从占事知来演进来的，占卜就是最原始的前定，前定只是更加理论化的表达罢了。而更重要的是，古代统领人众群体的领袖人物，比如伏羲等，为什么可以不用或少用刑杀就能有效领导呢？这样就推出了一个假设，即上古生活简单，人群本身普遍笃信吉凶祸福，占卜与领导在人众生活上是合一的。也就是说，在吉凶以及随后的行动上古代社会比较上下一心，易于治理。而后世人心多异，就不容易尚同了。"吉凶与民同患"、神武不杀、"以前民用"等等，与其说是思想上的主张，不

---

　　①　王弼、韩康伯注，孔颖达疏：《周易正义·系辞上》，《十三经注疏》上册第 81 页。
　　②　王弼、韩康伯注，孔颖达疏：《周易正义·系辞上》，《十三经注疏》上册第 82 页。

如说反映了上古生活的实况,它们本身可能就是留下来的上代实录,这些都是须考虑留意的。另外,我们从诸多民用、"民咸用之"、"举而错之天下"一类思想也能看到,一律性、一律化在古代社会是被理所当然地理解的。而事实是,这种思维恰当吗? 因为我们知道,不同的人和人群性质是完全不一样的,似乎以德化成天下是十分高尚的事情,但是德化应如何去正名呢? 一律思维与齐物思想正好形成阴阳反对,这大概正合乎华文化的特性,总是有一种相反相成的东西。大一统可以看作这种一律思维的结果,但事实是,有的东西人们愿意接受一律,而有的恰恰相反。比如说宫室房舍、舟车之利,可以为生活提供舒适方便,这些发明的推布,天下当然是乐于接受的。但如果说,除非有夫妇关系,否则男女一律不许在一起相处,人们就不乐意接受了。人类生活的改良,首先就面临着一律的问题,比如说对经济状况的改观,是否就有那么急切紧迫的一律要求呢? 我们知道,人群生活本身是有一个自然原生态的,这种生活生态如果不恰当地去进行外界打破,而不是出于方法自然,显然并没有什么好处。因为不同的人经济情况天然地就是不同的,学者永远不比商人有钱,这是理所当然的。山民十分清贫,也许只是用了某种其他的标准来看,并不是用本身标准来衡估的。因为如果山民世代都是这样生活,那么我们说,如此状况原是他们的本分,这种本分何以便为不对呢? 如果说到改变,也只能由山民自己要求出来,自行料理。因此,不知道齐物思想,家国天下会包揽一些不必要的承负,这就是一律给人类经济多增添负担的实在例子。事实上,人类并不是要在一律时间一律进展的,如果这进展是违逆自然的,况且进展本身是多样的。《易》所表出的思想,经常陷在某种一律意图愿望中,一律与一般是很容易混淆的。正像我们常说的,人都会死,这是人类之一般,也是生命之一般。但如果说,人都必须死,这种一律会激起人们怎样的愤怒,就是显而易见的了。一般与一律在人文生活中经常偷换,我们可以找到大量的理论例子来说明,如果有必要。正像前面说过的,有的一律是为人们欢迎的,有的则必然遭拒绝,所以一般与一律最终都是一个待正的问题。

"见乃谓之象",这可以作为易学的标志语,因为《易》是从这里起步的。整个世界也超不出这一条简单的归结,可以说,一切形而下的有都是象,知觉运动是以视觉为主干的。至于制器利用,那些还是以后的环节。人文科学中,有义理、考据、辞章的划分。义理与考据是机械的、实证的、如实的,属于学术;而辞章则是人的有机创作,属于艺术。这种关系,在自然领域情况也大致相应。像制器利用就是人对自然的创作,好像自然物理辞章一样。比如造一座桥,这就纯是人类的创作,虽然它可能利用了自然垂法。象是最简单的,显而易见的,但是意却是幽深隐晦的,所以从象到意,经历了一个由近到远的过程。从这种过程性我们再一次看到了华文化的连延性,它可以不脱离石器时代而发展出玉器时代,也可以不脱离土器形态而发展出瓷器形态。同理,它完全用不着否定象而就可以很自然地把手伸向理与意。所以,如果问象这样原始的手段是否有足够的功用传理达意,显然是不必要的疑虑,因为各种知识类型更多地是由近而远的连续过程的关系。孔子说"书不尽言,言不尽意","圣人立象以尽意",系辞以尽言。虽然明显有专美于圣人的意思,但也提出了一点:很多时候,言是不及象容易让人明喻的。前文提到的关于麒麟的例子,正可以说明这一点。因此,事物类型的不同,决定了人们知识类型与途径的各异。因此,言与象很难说谁更享有绝对更高的地位，不如说，各种知识手段和方法路径的关系就是六书的关系。任何一个具体的事或物，本身都是一个单独、独立的抽象一般集合，从这个集合中可以提取出多项各异的一般抽象来，《易》之取类多端充分表现了这一点。所以具体与一般只能说性质类型相异，而不能说哪一边更重要，它们只是共别不同的问题。因此，为什么言意都有尽的问题，而象没有呢？因为象都是直接自身完全的，显示本身就要比传达完整，天然地。所以象永远是行之有效的手段，一直没有荒废。知识分类学就是别同异，知识学问都是在同异中产生的。

《正义》关于"事业"的一段说解可以印证我们前面的很多观点，文曰：

> 事业所以济物，故举而错之于民。

> 谓举此理以为变化而错置于天下之民，凡民得以营为事业，故云"谓之事业"也。此乃自然以变化错置于民也，圣人亦当法此错置变化于万民，使成其事业也。凡《系辞》之说，皆说易道以为圣人德化，欲使圣人法易道以化成天下。是故《易》与圣人恒相将也。以作《易》者本为立教故也，非是空说易道，不关人事也。①

原始作《易》本为立教，以统御于民，这大概就是"立人极"所说的意思。中国早期社会群落性是很强的，也是最基本的，大陆国家

---

① 　王弼、韩康伯注，孔颖达疏：《周易正义·系辞上》，《十三经注疏》上册第83页。

不可能是个人色彩的。易道的实效，在于人对它的履践程度。如果真的能够在实做中合于易道（即使暗合），那么《易》之实效是一定会兑现的。这就是"不言而信"的意思，也是古代人的信念。《正义》说："言人能神此易道而显明之者存在于其人，若其人圣则能神而明之，若其人愚则不能神而明之，故存于其人，不在易象也。"①由此可见，神明是比高明更深藏的人文潜台词，所以说华文化是主妙的文化，是毫不过当的。制造瓷器的原料可能很贱，但瓷器造出来可能价值连城，从华人平常的追求我们也可以看到求妙的意思。实际上，孔子讲的很多话似乎早就预言了世界最后的可能结局，所谓同归殊途、一致百虑，何劳思虑？这明白是说，世界的归宿早晚就是一个，道路的不同，只是一个时间的问题。是否劳动思虑，对最后的结果，最终不会有左右作用。世界有它自己的去向，非人所能赞一分一毫。当然，小事情是人力可为的。孔子是一个有为的人，为什么会讲这些呢？只能说，这些是孔子的认识，而认识与认同是两回事。天下是什么意思呢？所谓天下，就是我所知道的范围。因此，历史中天下之所指，必然是有升降的。无论走哪一条道路，天下最终会归宿到一个去处，道路只对早晚起作用。人文史最终会印证孔子说的意思，中国历史其实只是人类历史的预演，人类历史最终脱不出中国历史经历过的那些圈圈范围。很多事情之所以显得不是那么明朗，是因为时间还没有到。《正义》的解释，完全是老子的思路，这不能不让我们想到，是否晋人之说，真是直追两汉，甚至也没有失去孔子时代的原始义呢？因为很多普通思想，就像历史中的语言一样，它的变动是缓慢而有限

---

① 王弼、韩康伯注，孔颖达疏：《周易正义·系辞上》，《十三经注疏》上册第83页。

的。《正义》说：

> 夫少则得，多则惑。涂虽殊，其归则同，虑虽百，其致不
> 二。苟识其要，不在博求；一以贯之，不虑而尽矣。

> "子曰天下何思何虑"者，言得一之道，心既寂静，何假思
> 虑也。天下同归而殊涂者，言天下万事，终则同归于一，但初
> 时殊异其涂路也。"一致而百虑"者，所致虽一，虑必有百，言
> 虑虽百种，必归于一致也，涂虽殊异，亦同归于至真也。言多
> 则不如少，动则不如寂，则天下之事，何须思也，何须虑也。①

前人曾经辩证过，说"同归殊途、一致百虑"与"殊途同归、百虑
一致"是完全不同的，它们导致的事功实效将完全相反。虽然讲得
很有道理，但我们说两者最终的结果不可能两样，尽管它们在某些
时段可能适成南北。世界最终会归一于日用无奇，这是必然的，无
论人如何劳动思虑去苦心营为，等在那里的结果不会改变。即从
损、剥二事我们也可以看到，百殊在本质的路程上还处在很前的阶
段。为道日损，殊途百虑归宿于同一是必然的。比如人类社会最
终都将成为世俗社会，或者世俗化的，宗教越来越形式化。中国社
会是最早的世俗社会，因为它最老、最本质。古人或以为殊途未见
得同归，实际上只要不断推展下去，最后损剥的结果一定还是趋同
的那个本质。只不过道路的不同，导致到达的早晚先后各异罢了。
孔子讲的屈以求伸、蛰以存身、精义入神与老子说的将欲夺之、必

---

① 王弼、韩康伯注，孔颖达疏：《周易正义·系辞下》，《十三经注疏》上册第87页。

固予之等义并没有什么悬殊，都是必须遵守的一般规则。《正义》说："精义，物理之微者也"；"言精义入神以致用、利用安身以崇德，此二者皆人理之极，过此二者以往，则微妙不可知"。① 其实孔子说"未之或知"，只表明他不认同。就像常说的一句话：六合之外，存而不论。实则除了六合哪里还有外呢？易书当中讲过一些修辞方式，不过前面我们没有专门谈及。"利用安身以崇德"一义，充分表现了儒家明哲保身、存身行道的认同，所以孔子对子路的死节态度那么批评是毫不奇怪的，因为没有身就什么也谈不到了。其实孔子生前早就预言了子路的结局，"未知生，焉知死"是对死的完全否定，绝非不知死或玄化死，因为死是最简单的。由这些观念我们就完全可以清楚，儒者的观念系统与宗教性质的诸观念是完全不类的。即以中国土生土长最宗教的道教仍然是一种准宗教来说，我们就知道用宗教去比类中国的社会与文化是多么地不类了。中国的社会只有迷信，而迷信绝不是宗教，两者有严格的同异分界。那么什么是迷信呢？迷信就是人的一种心理之自然。

从孔子说"其称名也杂而不越"，说"其称名也小、其取类也大"，说"开而当名、辨物正言"，等等，名学正名的一切要件都清楚明白地陈列在这里了。并且，我们能看到哪些春秋学的明确宗旨呢？孔子说"于稽其类，其衰世之意邪"，《春秋》的义类是至为繁碎的，所谓微言大义，这些与杂而不越、旨远辞文、言曲而中、与事肆而隐、失得之报、衰世是否都正好咬合统一呢？《春秋》隐微，与孔子研《易》深知微显之道是相互取决的。《春秋》不乱名理，与孔子

---

① 王弼、韩康伯注，孔颖达疏：《周易正义·系辞下》，《十三经注疏》上册第 87 页。

当名正言、严于条理分位是一致的。所以,为什么《易》在在讲说刚柔、幽明、神通、得失等等? 正说明《易》是包括《春秋》等在内的统一理论基础,《易》为典章之首,它的义理寄托是不用多说的。《春秋》对恶必报之以直,所谓"以明失得之报"者,下语是很准确的。衰业之意不仅在《易》,《春秋》也是。《正义》说:"世衰则失得弥彰","或称'龙战于野'、或称'箕子明夷'、或称'不如西邻之禴祭',此皆论战争盛衰之理,故云衰意也。"①《春秋》所纪之事,君臣、父子、兄弟、夫妇、朋友、诸侯、邦国相互攻杀,肆滥已极,若孔子不隐,必然会更加不堪。往不可咎,来或可追,但这只是孔子的意思,它并不代表一种希望。春秋学、名学既然在易学这里相当明显地统一(尤其是在正名上的表现),我们也就完全可以有把握地说:易学就是实学之源了。

我们今天看到的古代的《易》,是比较抽空了的书面,虽然细心搜索,参差比勘,可以还原很多重要的消息,但总的来说,还是倚赖前人大量的解释。这些解释是逐代传承下来的,本身有严格的信实要求,虽然考古也提供了许多辅证材料,但是这一领域暂时还不可能全面被触及、展开。好在《易》本身的简易确定了它主要还是作为人文统体的理论基础,因为阴阳总是一定的,所以对《易》我们在体上很难作历史断代划分,我们不能说先秦的阴阳,或者中古的阴阳,正如我们很难说古代的一加一、现代的一加一一样。阴阳总是相对恒定的,因此具有历史性的乃是《易》之用,只有易用才有具体性。如果我们要通盘叙述易用,就必须撰写易学史了。必须说明,《易》只在形而下的范围内成立,形而上的一边是静止的。虽然

① 王弼、韩康伯注,孔颖达疏:《周易正义·系辞下》,《十三经注疏》上册第87页。

变易的道理是形上的,但易变毕竟只与具体的事和物有关系,所以穷变通久很自然都是作形而下约定的。由于可以用到易道的事功领域很多,所以我们不可能多说。但有一点,就是易书非常着重地讲过道与存的关系。因为道是形而上的,而存是负责形而下的。比如存身,假如没有身,也就谈不到行道了,所以身也不失为一种器。这样看来,所谓吉凶利害者,只与生命体有关系,对无生命者及形而上来说是无所谓损害的。但事物都有穷尽的时候,如何存续下去便成为十分自然的问题。比如古代人以为不朽的天地,实际上不朽的只有天,地球却是有年限和用限的。因此,如果依靠自然生物,指望在宇宙中能够再找到类地星球,或者希望宇宙中再产生地球这样的天体,概率就太低了。而且从速度与数量上来说,也太缓慢而稀少了。因此,人为造星在以后就是一种必然,因为人为性相比于自然性,本身就是概率的增大,只不过星体的制造是人类技术领域的极限罢了。但是出于用的目的,无论在实做上遇到多么巨大的困难,造星计划也是必须走的一步,这是十分简单的道理。在宇宙空间飘逸着大量质体,比如说像台湾岛那么大的小行星。如果我们把许多小行星搜集在一起,构成一个大小适度的理想的生存场所并非不可能。宇宙中的初级原材料是取用丰厚的,而且人类已掌握了核动与飞行的技术。如果选定一颗恒星,将行星推移到一个合适的轨道,那么,类似地球的环境的营造就可望达成。而且,当人类走出了成功的第一次,以后的如法制造就不成问题了,那时就能有效解决人类在宇宙中的存续问题。而且人在宇宙中的生存空间也会大大拓展。当然,具体的疑难是不可能少的,比如星球的磁场问题。像月球就是一个没有磁场的死体,就像一块大石头,而地球的磁场则很活跃。对生命来说磁场是不可少的。

也许人类还没有造恒星的必要，因为宇宙中有足够多的恒星。核弹的爆炸只是一段时间以内的事，而恒星则会持续燃烧，好在宇宙中有现成恒星可以选用。关于造星运动，技术上无法前定，只能在切实的自然推进中导引出具体方法。但这个意思是不错的，朱子与门人就经常谈到星体的问题。也许从日用的习惯来看这些会觉得不着边际，但是一旦纳入易观之中，天地之事就不足为怪了。

王兴业撰：《三坟易探微》，青岛出版社，1999。

陈居渊撰：《焦循儒学思想与易学研究》，齐鲁书社，2000。

陈居渊撰：《易章句导读》，齐鲁书社，2002。

刘大钧主编：《大易集说》，巴蜀书社，2003。

期刊：

刘大钧主编：《周易研究》

参 考 文 献

古籍：

　　王弼、韩康伯注，孔颖达疏：《周易正义》(阮刻十三经注疏本)，中华书局，1980。

　　朱熹撰：《周易本义》，上海古籍出版社，1993。

　　王夫之撰：《船山全书》，岳麓书社，1989。

　　焦循撰：《雕菰楼易学》，山东友谊书社，1992。

　　李道平撰：《周易集解纂疏》，中华书局，1998。

近现代人著述：

　　吴汝纶撰：《易说》，黄山书社，2002。

　　吴汝纶撰：《周易大义》，黄山书社，2002。

　　顾颉刚等撰：《古史辨》(三)，上海古籍出版社，1982。

　　张觉人撰：《中国炼丹术与丹药》，四川科学技术出版社，1996。

　　李梦生撰：《左传译注》，上海古籍出版社，1998。

　　蒋凡撰：《周易演说》，湖南文艺出版社，1998。

　　杨维增、何洁冰撰：《周易基础》，花城出版社，1999。